रामायण

की 50 अमुल्य सीखें: कॉर्पोरेट मे सफलता का मार्ग

नरेन्द्रनाथ मिश्र

यह सत्य घटना पर आधारित (नॉन-फिक्शन) कृति है। पुस्तक में उल्लिखित घटनाएँ और प्रसंग सत्य एवं वास्तविक हैं। हालांकि, कुछ नाम और विशेषताएँ बदली गई हैं, कुछ घटनाओं को संक्षिप्त किया गया है, और कुछ संवादों को पुन: रचा गया है।

प्रथम आवृत्ती: मई 2026

भारत में मुद्रित

मुद्रक: गैपमेटा वेंचर्स प्राइवेट लिमिटेड, नवी मुंबई
टाइप : कोकिळा

ISBN: 978-93-6070-007-2

आवरण रचना: प्रिया वोरा

STORYMIRROR
Stories that reflect you

सेवा प्रदाता : स्टोरीमिरर इंफोटेक प्राईवेट लिमिटेड,
यूनिट नं-एफ/705, 7वीं मंज़िल, कैलास कॉर्पोरेट लाउंज,
वीर सावरकर रोड, विक्रोली पार्क साइट, विक्रोली पश्चिम,
मुंबई-400079, महाराष्ट्र - 400076, भारत

Web: storymirror. com
Facebook: @storymirror
Instagram: @storymirror
Twitter: @story_mirror
Contact Us: marketing@storymirror. com

समर्पण

यह पुस्तक मेरे दिवंगत पिता, सोमनाथ मिश्र को समर्पित है — एक शिक्षक और दार्शनिक, जिन्होंने अपना जीवन ईमानदारी, सत्यनिष्ठा और विनम्रता के साथ जिया। बचपन से ही उन्होंने मेरे भीतर महान महाकाव्यों के प्रति गहरा प्रेम विकसित किया, और वही लगन आज इस पुस्तक के रूप में अपने पूर्ण स्वरूप में प्रकट हुई है।

आभार

मेरी मूल पुस्तक *“50 Lessons from Ramayan for Corporate Excellence”* अंग्रेज़ी में लिखी गई है। एक अनौपचारिक बातचीत के दौरान मेरे प्रिय मित्र सुमित अग्रवाल ने यह सुझाव दिया कि यह पुस्तक हिंदी भाषी पाठकों के एक बड़े वर्ग तक नहीं पहुँच पा रही है, जो इस विषयवस्तु में गहरी रुचि रखते हैं, लेकिन भाषा की बाधा के कारण इससे वंचित रह जाते हैं। उनके इस विचार ने मुझे प्रेरित किया कि मैं रामायण की ज्ञानगाथा को व्यापक पाठक वर्ग तक पहुँचाने के लिए इस पुस्तक का हिंदी अनुवाद करूँ।

मैं सुजीता ब्रह्मा के प्रति विशेष आभार व्यक्त करता हूँ, जिनके अमूल्य सहयोग, धैर्य और प्रतिबद्धता ने इस कार्य को दिशा और सार्थकता प्रदान की

मैं स्टोरीमिरर की स्नेहा झा का पुस्तक के संपादन में उनके सहयोग के लिए धन्यवाद देना चाहूँगा। साथ ही, मेरी पुस्तक लेखन यात्रा में निरंतर समर्थन के लिए स्टोरीमिरर के सीईओ श्री बिभुदत्त राउत का भी हार्दिक धन्यवाद।

पुस्तक लेखन प्रक्रिया के दौरान सहयोग के लिए मेरे मित्र डॉ. विजय यादव को हार्दिक धन्यवाद। मेरे मित्र अतुल कुमार का हार्दिक आभार, जिन्होंने हिंदी संस्करण के लिए शीर्षक सुझाया।

अंत में, मैं अपनी पत्नी संध्या के प्रति हृदय से विशेष आभार व्यक्त करता हूँ।

यह हिन्दी संस्करण उनके अथक परिश्रम, असीम धैर्य और अनगिनत घंटों की समर्पित अनुवाद-यात्रा के बिना संभव नहीं हो पाता।

उनका योगदान केवल सहयोग भर नहीं, बल्कि इस कृति की सुदृढ़ आधारशिला है।

भूमिका

मेरे दिवंगत पिता अक्सर कहा करते थे, "मानव जीवन की सभी चुनौतियों के उत्तर हमारे इतिहास — रामायण और महाभारत — में निहित हैं, और उनकी गहराई को पूरी तरह समझने के लिए एक जीवन पर्याप्त नहीं है।"

जब मैंने वाल्मीकि रामायण और उससे संबंधित अन्य ग्रंथों का अध्ययन किया, तब मुझे एहसास हुआ कि यह उनका अत्यंत गहन कथन था। हमारे इतिहास — रामायण और महाभारत — ज्ञान के अनुपम भंडार हैं, और उनके उदाहरण जीवन के हर क्षेत्र में प्रासंगिक हैं — चाहे वह व्यक्तिगत जीवन हो, कॉरपोरेट जगत हो, अंतर्राष्ट्रीय संबंध हों या सरकार का प्रभावी संचालन।

यह पुस्तक रामायण से ली गई 50 संक्षिप्त सीखों को आधुनिक संदर्भों से जोड़ते हुए प्रस्तुत करती है तथा आज के कॉरपोरेट संसार में उनकी उपयोगिता को उजागर करती है।

समझने की सुविधा के लिए, कॉरपोरेट जीवन-चक्र को चार वर्गों में विभाजित किया गया है: शुरुआती चरण (Beginner), मध्यम प्रबंधन (Middle Management), मुख्य कार्यकारी अधिकारी (CEO) और सेवानिवृत्ति (Retirement)। ये चार खंड कॉरपोरेट जीवन के इन महत्वपूर्ण चरणों से संबंधित रामायण की शिक्षाओं को समाहित करते हैं और बताते हैं कि प्रत्येक चरण में कैसे उत्कृष्टता प्राप्त की जा सकती है — यही इस पुस्तक का प्रमुख उद्देश्य है।

भगवान ब्रह्मा ने महर्षि वाल्मीकि को रामायण जैसी मनोहर कथा की रचना करने का आशीर्वाद देते हुए कहा—

"यावत्स्थास्यन्ति गिरयः सरितश्च महीतले।

तावद्रामायणकथा लोकेषु प्रचरिष्यति॥" (1.2.36)

अर्थात् —

"जब तक पृथ्वी पर पर्वत और नदियाँ विद्यमान रहेंगे, तब तक संसार में रामायण की कथा प्रचलित रहेगी।"

रामायण धर्म, नेतृत्व, त्याग और न्याय जैसे शाश्वत मूल्यों का प्रतीक है—ऐसे मूल्य जो हर पीढ़ी के लिए प्रासंगिक हैं। यह नेताओं, पेशेवरों और सामान्य व्यक्तियों के लिए एक दर्पण के समान है, जो कठिन परिस्थितियों और दुविधाओं में स्पष्ट मार्गदर्शन प्रदान करता है।

पर्वतों और नदियों की भाँति इसकी ज्ञानधारा भी अनंत और अविनाशी है, जो सदैव मानवता का मार्गदर्शन करती रहेगी। रामायण केवल एक पवित्र ग्रंथ नहीं, बल्कि निरंतर सीखने का अथाह सागर है। श्री राम की महिमा आज भी हमारे जीवन-पथ को आलोकित करती है और हमें यह सिखाती है कि जीवन कैसे जिया जाए, नेतृत्व कैसे किया जाए और समाज की सेवा कैसे की जाए।

अनुक्रमणिका

शुरुआती चरण (BEGINNER)

मध्यम प्रबंधन (MIDDLE MANAGEMENT)

मुख्य कार्यकारी अधिकारी (CEO)

रामायण की कथा

अयोध्या में राजा दशरथ को दिव्य वरदान के परिणामस्वरूप चार पुत्र प्राप्त हुए—राम, लक्ष्मण, भरत और शत्रुघ्न।

राम, ज्येष्ठ पुत्र, सद्गुणों और आदर्शों के प्रतीक थे। ऋषि विश्वामित्र ने राम और लक्ष्मण का चयन यज्ञों की रक्षा के लिए किया, जहाँ राम ने राक्षसों का संहार कर अद्वितीय पराक्रम दिखाया।

तत्पश्चात जनकपुरी में आयोजित स्वयंवर में राम ने भगवान शिव का धनुष पिनाक उठाकर प्रत्यंचा चढ़ाई—जो कोई और न कर सका—और सीता से उनका विवाह हुआ।

राजा दशरथ ने राम का राजतिलक करने का निर्णय लिया। लेकिन रानी कैकेयी ने, अपनी दासी मंथरा के बहकावे में आकर, अपने दो वरदानों की माँग की:

1. भरत को राजा बनाया जाए
2. राम को 14 वर्षों के लिए वनवास भेजा जाए

धर्म के बंधन से बंधे राम ने इसे सहर्ष स्वीकार किया। सीता और लक्ष्मण भी उनके साथ वनवास पर चले गए। राम-वियोग में राजा दशरथ का निधन हो गया, जब भरत अयोध्या से बाहर थे।

भरत लौटे, उन्होंने अपनी माता के कार्यों की निंदा की और श्री राम को मनाने वन पहुँचे। उन्होंने श्री राम से विनती की कि वे अयोध्या लौटकर राजगद्दी संभालें।

लेकिन धर्म का पालन करते हुए श्री राम ने यह प्रस्ताव अस्वीकार कर दिया। तब भरत ने अनिच्छा से ही सही, श्री राम के नाम पर राज्य का संचालन किया और स्वयं तपस्वी जीवन अपनाया।

वनवास के दौरान श्री राम, सीता और लक्ष्मण ने अनेक राक्षसों का सामना किया। रावण की बहन शूर्पणखा के अपमान के बाद, रावण प्रतिशोध से भर गया।

मारीच के स्वर्णमृग रूपी छल के कारण श्री राम और लक्ष्मण को आश्रम से दूर ले जाया गया, और इसी अवसर का लाभ उठाकर रावण, साधु का वेश धारण कर, सीता का अपहरण कर पुष्पक विमान द्वारा लंका ले गया।

जटायु ने सीता को बचाने का प्रयास किया, परंतु वह वीरगति को प्राप्त हुआ। मरने से पहले उसने श्री राम को पूरी घटना की जानकारी दी।

सीता की खोज में निकले श्री राम और लक्ष्मण की भेंट किष्किंधा के निष्कासित वानरराज सुग्रीव से हुई। श्री राम ने सुग्रीव की सहायता कर उन्हें उनके भाई बाली से राज्य वापस दिलाया।

कृतज्ञ होकर सुग्रीव ने अपनी वानर सेना श्री राम को समर्पित की और हनुमान को दक्षिण दिशा की खोज का नेतृत्व सौंपा।

हनुमान समुद्र पार कर लंका पहुँचे और अशोक वाटिका में सीता माता को पाया। सीता ने रावण के बारम्बार के प्रस्तावों को दृढ़ता से अस्वीकार किया था। हनुमान ने श्री राम की अंगूठी देकर उन्हें आश्वस्त किया कि वे शीघ्र ही उन्हें मुक्त कराने आएंगे।

वापस जाने से पहले हनुमान ने लंका में भारी उत्पात मचाया। रावण ने उनकी पूंछ में आग लगवाई, और उस जलती हुई पूंछ से हनुमान ने पूरी लंका को दहन कर दिया। इसके बाद वे सुरक्षित लौटकर श्री राम को सीता का संदेश दे आए।

रावण का भाई विभीषण, जिसने रावण को सीता को लौटा देने की सलाह दी थी, उपेक्षित होकर श्री राम के पक्ष में आ गया। उसकी सहायता से लंका की रणनीति और रहस्य श्री राम को ज्ञात हुए।

नल—वानर अभियंता—के नेतृत्व में श्री राम की वानर सेना ने समुद्र पर रामसेतु का निर्माण किया और लंका पहुँच गई। भीषण युद्ध में रावण के पराक्रमी योद्धा—इंद्रजीत और कुम्भकर्ण—एक-एक कर पराजित हुए।

अंत में श्री राम ने दिव्य अस्त्र से रावण का वध कर धर्म और ब्रह्मांडीय संतुलन की पुनः स्थापना की।

विजय के उपरांत, श्री राम ने सीता की पवित्रता सिद्ध करने हेतु अग्नि परीक्षा की माँग की। सीता अग्नि से अक्षत और निष्कलंक निकल आईं, जिससे उनका गौरव पुनः स्थापित हुआ।

चौदह वर्षों का वनवास पूर्ण होने पर श्री राम, सीता और लक्ष्मण पुष्पक विमान से अयोध्या लौटे।

भरत ने राजसिंहासन श्री राम को सौंप दिया, और रामराज्य का शुभारंभ हुआ—जहाँ न्याय, समृद्धि, सदाचार और समानता का वास था।

रामायण भारत का इतिहास है, जो नेतृत्व, नीति, संबंध, रणनीति और धर्म के मार्ग को प्रकाशित करता है। श्री राम का आदर्श, लक्ष्मण का त्याग, सुग्रीव का सहयोग, सीता का धैर्य, भरत की विनम्रता, हनुमान की वीरता और रावण का पतन—ये सभी आधुनिक संगठनों में आने वाली चुनौतियों का प्रतिबिंब हैं।

शुरुआती चरण

(Beginner)

अध्याय 1

मारीच सिंड्रोम

दबाव या भय के कारण किया गया आज्ञा पालन
भी वास्तव में आज्ञा पालन ही होता है।

आनयिष्यसि चेत् सीताम् आश्रमात् सहितो मया ।
नैव त्वमसि नाहं च नैव लङ्का न राक्षसा: ॥ 3.41.19 ॥

यदि तुम मेरी सहायता से सीता को आश्रम से ले आओगे,
तो समझ लो कि न तुम जीवित रहोगे,
न मैं, न ही लंका बचेगी और न ही राक्षस।

रावण—वह महाशक्तिशाली और निर्दयी लंका-नरेश—एक भीषण निर्णय पर उतर आया था: श्री राम की प्रिय पत्नी सीता का हरण। यह निर्णय केवल एक स्त्री का अपहरण नहीं, बल्कि आने वाले युद्ध और सर्वनाश की ज्वाला को प्रज्वलित करने वाला था।

सभा में मारीच भी उपस्थित था—वृद्ध, अनुभवी और दूरदर्शी। वह उन गिने-चुने लोगों में था जो इस कदम के परिणामों को स्पष्ट रूप से देख सकता था। उसका हृदय आशंका से भरा था। उसने बिना लाग-लपेट के रावण को चेताया—श्री राम की शक्ति का स्मरण कराया, और उस विनाश का संकेत दिया जो लंका पर टूट पड़ने वाला था।

किन्तु रावण का क्रोध किसी असहमति को सहन करने वाला नहीं था। उसके शब्दों के बाद सभा में एक भयावह सन्नाटा छा गया। उस सन्नाटे में छिपी थीं धमकियाँ—आज्ञा मानो, अन्यथा मृत्यु निश्चित है।

उसी क्षण मारीच के भीतर संघर्ष आरंभ हुआ। एक ओर उसका धर्म और विवेक उसे विरोध करने को प्रेरित कर रहे थे, दूसरी ओर भय उसकी चेतना को जकड़ रहा था। अंततः भय ने विजय पाई। साहस दब गया, और मारीच ने समर्पण कर दिया।

वह स्वर्णमृग का रूप धरकर अपनी भूमिका निभाने निकल पड़ा—श्री राम को आश्रम से दूर ले जाने के लिए। वह यह जानते हुए भी कि यह छल अंततः लंका के पतन का कारण बनेगा, इस षड्यंत्र का अंग बन गया। उसका आज्ञापालन अनिच्छा से भरा था, परंतु वह आज्ञापालन ही था।

यही द्वंद्व और विवश समर्पण आगे चलकर "मारीच सिंड्रोम" के रूप में जाना गया—जब भय के कारण व्यक्ति सत्य जानते हुए भी अन्याय के आगे झुक जाता है, और अपने समर्पण को 'जीवित रहने की विवशता' का नाम दे देता है।

जब सत्य स्पष्ट हो और फिर भी साहस साथ न दे, तब त्रासदी अज्ञान में नहीं, बल्कि चुनाव में निहित होती है। मारीच ने परिणामों को भली-भांति समझा, फिर भी प्रतिरोध के स्थान पर मौन और आज्ञाकारिता को चुना। अंततः उसने अपने निर्णय को एक ही तर्क में समेट लिया—

"मुझे आदेश दिया गया था।"

समकालीन परिप्रेक्ष्य

1. एक आधुनिक दर्पण: वर्ल्डकॉम घोटाला

2002 में एक ठंडे, औपचारिक कॉर्पोरेट बोर्डरूम में, दूरसंचार क्षेत्र की दिग्गज कंपनी वर्ल्डकॉम पर लगातार बढ़ते मुनाफे दिखाने का भारी दबाव था। एक तथाकथित "अस्थायी समाधान" सुझाया गया—सामान्य खर्चों को पूंजीगत व्यय के रूप में दिखाना।

कर्मचारियों के बीच संदेह की धीमी आवाज़ें उठीं। कुछ हिचकिचाए, पर अधिकांश ने बिना विरोध के आज्ञा मान ली।

परिणाम अत्यंत कठोर थे: 11 अरब डॉलर का लेखा-पुनरीक्षण, दिवालियापन, और शीर्ष अधिकारियों की सज़ा। यह स्पष्ट हो गया कि शांत सहमति से जिम्मेदारी से बचा नहीं जा सकता।

2. नाज़ी जर्मनी – "मैं तो बस आदेश का पालन कर रहा था"

नूरेम्बर्ग मुकदमों के दौरान, अनेक लोगों ने अपने कृत्यों का बचाव यह कहकर किया कि वे केवल आदेशों का पालन कर रहे थे।

दुनिया ने इस तर्क को अस्वीकार कर दिया और यह सिद्धांत स्थापित हुआ कि नैतिक जिम्मेदारी किसी और को सौंपी नहीं जा सकती—भय के वातावरण में भी नहीं।

नए कर्मचारियों के लिए सीख: अंतरात्मा आपकी अपनी है।

"मैं तो सिर्फ आदेश मान रहा था"—यह कोई बचाव नहीं है। आपकी अंतरात्मा आपकी है; इसे किसी और को सौंपा नहीं जा सकता।

जब आपसे कुछ गलत करने को कहा जाए, तो:

- पूछें: "क्या इसके लिए कोई नीति या लिखित स्वीकृति है?"
- विकल्प दें: कोई कानूनी और ईमानदार समाधान सुझाएँ।
- उच्च स्तर पर ले जाएँ: दबाव बने तो इसे उच्च स्तर पर रिपोर्ट करें।
- इंकार करें: यदि यह फिर भी गलत है, तो विनम्र लेकिन दृढ़ता से मना करें।

चेतावनी संकेत (Red Flags):

- "बस इस बार..."
- "ईमेल मत करो, मौखिक ही रखो।"
- "मेरा लॉगिन इस्तेमाल कर लो, प्रक्रिया छोड़ दो।"

मारीच सत्य जानता था, फिर भी उसने भय को चुना—और यही चुनाव उसके विनाश का कारण बना।

आपके करियर में साहस के ऐसे क्षण ही जीवनभर का विश्वास बनाते हैं।

डर को गलत का भागीदार न बनने दें।

साहस को चुनना, अपने भविष्य को चुनना है।

मुख्य निष्कर्ष

1. मौन भी सहमति का एक रूप है

मारीच ने आज्ञा मानकर रावण की योजना में अपनी भागीदारी दे दी। उसी प्रकार, जब कर्मचारी अनैतिक निर्देशों पर चुप रहते हैं या उन्हें बिना विरोध के पूरा करते हैं, तो वे गलत कार्यों को रोकने के बजाय उन्हें और मजबूत बनाते हैं।

2."मेरे पास कोई विकल्प नहीं था" : यह कोई बहाना नहीं है

मारीच ने विनाश को पहले से देख लिया था, फिर भी उसने अपनी अंतरात्मा के विरुद्ध कार्य किया। आधुनिक कार्यस्थलों में लोग अक्सर कहते हैं, "मैं तो सिर्फ आदेश का पालन कर रहा था।" लेकिन नैतिक गलतियाँ—चाहे छोटी हों या बड़ी—उनके कानूनी और नैतिक परिणाम होते हैं।

3. नैतिक साहस ही सच्ची पेशेवरता की रक्षा करता है

मारीच की अनिच्छुक आज्ञाकारिता ने उसे सुरक्षा नहीं दी—बल्कि विनाश की ओर ले गई। कार्यस्थलों में वास्तविक सुरक्षा नैतिक साहस में है: गलत को स्पष्ट रूप से कहना, झूठे दस्तावेज़ों से इंकार करना, और असुविधा होने पर भी अपने सिद्धांतों पर अडिग रहना। जोखिम भले ही वास्तविक हो, लेकिन ईमानदारी व्यक्ति की गरिमा और दीर्घकालिक विश्वसनीयता की रक्षा करती है।

अध्याय 2

अगस्त्य प्रतिरूप को ग्रहण करना

नए कर्मचारियों की जीवन-रेखा

एवमुक्त्वा महातेजाः समस्तं तद्वरायुधम् ।
दत्वा रामाय भगवान् अगस्त्यः पुनरब्रवीत् ॥ 3.12.37 ॥

इस प्रकार कहकर अत्यंत तेजस्वी भगवान अगस्त्य ने वे सभी श्रेष्ठ दिव्य अस्त्र-शस्त्र श्री राम को प्रदान किए और फिर पुनः उन्हें संबोधित किया।

ऋषि अगस्त्य की शक्ति सेनाओं का नेतृत्व करने या प्रकाश में बने रहने में नहीं थी, बल्कि श्री राम को दिव्य अस्त्र प्रदान करने और उन्हें उनका उपयोग करने का ज्ञान देने में थी। यही उत्प्रेरक (Catalytic) नेतृत्व का सार है—सही व्यक्ति को सही समय पर आवश्यक संसाधन देना और फिर सहज रूप से पीछे हट जाना।

अगस्त्य का नेतृत्व हमें तीन मूलभूत सिद्धांत सिखाता है:

1. सशक्त करना (Equip): सही साधन, ज्ञान और आत्मविश्वास प्रदान करना।
2. धर्म में स्थिर करना (Anchor): सभी प्रयासों को धर्म और दीर्घकालिक प्रभाव से जोड़कर रखना।
3. पीछे हटना (Withdraw): दूसरों को श्रेय लेने देना और परिणामों का स्वामित्व उन्हें सौंपना।

यह मौन शक्ति, पर्दे के पीछे रहकर, सफलता की दिशा तय करती है और युद्धभूमि को अदृश्य रूप से आकार देती है।

समकालीन परिप्रेक्ष्य

1. **पैडी अप्टन—भारतीय क्रिकेट टीम (2011) के मानसिक तैयारी कोच**

उन्होंने चुपचाप एक-से-एक संवाद, छोटे-छोटे लक्ष्य और अनुशासित अभ्यासों के माध्यम से खिलाड़ियों को गढ़ा—चिंता को शांत एकाग्रता में बदल दिया।

उनका संदेश: **आदतें प्रचार से अधिक महत्वपूर्ण होती हैं।**

नए कर्मचारियों के लिए सीख यह है कि ऐसे लोगों को खोजें जो स्थायी दिनचर्या और अनुशासन बनाते हैं, न कि केवल उत्साह से शोर मचाने वाले।

2. **श्रीकांत नादमुनि—आधार (Aadhaar) की प्रारंभिक तकनीकी संरचना के आर्किटेक्ट**

उन्होंने ऐसे मानक, API और शासन-प्रणाली तैयार की, जो पूरे देश की डिजिटल पहचान क्रांति की रीढ़ बनी।

उनका सार: **प्लेटफ़ॉर्म बनाओ, बाकी लोग उस पर आगे काम करें।**

नए कर्मचारियों को उन शांत सूत्रधार पर ध्यान देना चाहिए जो उस आधार को मजबूत रखते हैं जिस पर पूरी व्यवस्था टिकी होती है।

मेरे जीवन में दो "अगस्त्य"

- अपने छात्र जीवन में मुझे अपने जीवन में एक "अगस्त्य" जैसे मार्गदर्शक का सौभाग्य मिला। जब हम MBA इंटरव्यू और ग्रुप डिस्कशन की तैयारी कर रहे थे, तब हमारे प्रोफेसर प्रभात कुमार सरंगी ने हमारा मार्गदर्शन किया। उन्होंने हमें बोलने का आत्मविश्वास दिया और बिना किसी पारिश्रमिक के हमारे उत्तरों को निखारा। इसका हमारे इंटरव्यू और आगे के करियर में बहुत बड़ा प्रभाव

रहा। अगस्त्य ऋषि की तरह वे हमेशा पृष्ठभूमि में रहे और अपने छात्रों की सफलता का श्रेय कभी नहीं लिया।

- जब मैंने 1999 में Rallis India Limited में मैनेजमेंट ट्रेनी के रूप में अपनी पहली नौकरी शुरू की, तो एक महीने के भीतर मेरा स्थानांतरण कोलकाता हो गया। वहाँ मेरी मुलाकात सुभाषिस भट्टाचार्य, जिन्हें लोग भट्टादा कहते थे, से हुई। उन्होंने IIMA से MBA किया था और उस समय कोलकाता कार्यालय में वही एकमात्र MBA थे।

भट्टादा मेरे करियर के शुरुआती दिनों में लगातार मार्गदर्शक रहे। उन्होंने मुझे सिखाया कि अलग-अलग सहकर्मियों के साथ कैसे तालमेल बैठाना है, कंप्यूटर कैसे प्राप्त करना है, एग्रो-केमिकल्स और प्लांटेशन व्यवसाय की बारीकियाँ क्या हैं। उन्होंने मुझे सबसे पहले डिस्ट्रीब्यूटर्स के पास ले जाकर सिखाया कि पेशेवरता बनाए रखते हुए संबंध कैसे बनाए जाते हैं। आज वे हमारे बीच नहीं हैं, लेकिन मेरे शुरुआती करियर में उनकी भूमिका हमेशा मुझे स्मरण रहेगी।

नए लोग अक्सर यह सोचते हैं:

- मैं ऐसे शांत मार्गदर्शक कैसे खोजूँ?
- मैं उनसे सीखते हुए उनके काम में बाधा कैसे न डालूँ?

इसके लिए एक संरचित तरीका है:

अपने "अगस्त्य" को पहचानने के संकेत:

- वे विनम्र होते हैं, लेकिन ज्ञान का भंडार होते हैं।
- वे सिस्टम, चेकलिस्ट और प्रक्रियाएँ बनाते हैं जो काम को तेज और बेहतर बनाती हैं।
- वे आपको सही लोगों और संसाधनों से जल्दी जोड़ देते हैं।
- दबाव में भी शांत रहते हैं और स्पष्ट मार्गदर्शन देते हैं।
- ज्ञान खुलकर साझा करते हैं और श्रेय सही लोगों को देते हैं।

नए कर्मचारियों को ऐसे अगस्त्य को सचेत रूप से पहचानना चाहिए, उनका सम्मान करना चाहिए—जैसे श्री राम ने किया था—और उनसे कॉर्पोरेट जीवन की कला सीखनी चाहिए।

याद रखें: प्रभाव के लिए तालियाँ जरूरी नहीं होतीं; केवल नीयत और सीखने की इच्छा जरूरी होती है—खासकर करियर के पहले 90 दिनों में।

मुख्य निष्कर्ष

1. प्रभाव के लिए सुर्खियों की आवश्यकता नहीं होती

ऋषि अगस्त्य ने श्री राम को बिना किसी व्यक्तिगत लाभ के उच्चतम लक्ष्य प्राप्त करने में मार्गदर्शन दिया। यह हमें सिखाता है कि सच्चा प्रभाव हमेशा शोरगुल वाला या दिखने वाला नहीं होता। अनेक प्रभावशाली नेता—मार्गदर्शक, सलाहकार और परोपकारी—चुपचाप काम करते हुए परिणामों को आकार देते हैं, बिना ध्यान आकर्षित किए।

2. दूसरों को सक्षम बनाना शक्ति को कई गुना बढ़ाता है

ऋषि अगस्त्य द्वारा श्री राम को दिव्य अस्त्र प्रदान करना उनकी क्षमताओं को और अधिक प्रभावी बनाता है। उन्होंने समझा कि किसी अन्य व्यक्ति को सफल बनाने में सहायता करना स्वयं आगे आने से अधिक शक्तिशाली है। जीवन के प्रारंभिक चरणों में हमेशा ऐसे नेताओं की तलाश करें जो अगस्त्य ऋषि के इस दर्शन को अपनाते हों—जो स्वयं आगे नहीं आते, लेकिन दूसरों को आगे बढ़ने के लिए सक्षम बनाते हैं।

3. मौन समर्थन इतिहास को आकार दे सकता है

इतिहास अक्सर उन विजेताओं को उजागर करता है जो सामने दिखते हैं, लेकिन उन लोगों को अनदेखा कर देता है जो उन्हें सक्षम बनाते हैं। फिर भी, यदि अगस्त्य ऋषि का योगदान न होता, तो श्री राम का युद्ध कहीं अधिक कठिन हो सकता था। इसी प्रकार, संगठन भी अक्सर उन शांत, अदृश्य समर्थकों पर निर्भर रहते हैं जो पर्दे के पीछे रहकर सफलता को संभव बनाते हैं।

अध्याय 3

विश्वास के प्रारंभिक बीज

नए कर्मचारियों को परीक्षा के लिए क्यों
तैयार रहना चाहिए।

यदि न प्रत्ययोऽस्मासु विक्रमे तव वानर।
प्रत्ययं समरे श्लाघ्यमहमुत्पादयामि ते॥ 4.11.83 ॥

यदि तुम्हें, हे वानर, मेरे पराक्रम पर विश्वास नहीं है,
तो मैं युद्ध में ऐसा विश्वास तुम्हारे भीतर उत्पन्न कर दूँगा
कि तुम उसकी प्रशंसा करोगे।

किष्किंधा के सिंहासन से निष्काषित वानर-राज सुग्रीव ने जब पहली बार श्री राम से भेंट की, तो उन पर विश्वास करने से पहले उनकी शक्ति का प्रमाण माँगा। श्री राम के एक ही बाण ने सात ऊँचे साल वृक्षों को भेद दिया और क्षणभर में सुग्रीव के सभी संदेह दूर हो गए, जिससे एक सशक्त गठबंधन बना। यह कथा दर्शाती है कि विश्वास निर्णायक पहली परीक्षा से अर्जित होता है।

नए जुड़ने वाले कर्मचारियों के सामने भी एक आधुनिक "सुग्रीव" होता है— उनके सहकर्मी और वरिष्ठ, जो चुपचाप उन्हें देखते हैं और भरोसेमंद प्रदर्शन की अपेक्षा करते हैं। पहली प्रस्तुति, प्रोजेक्ट या संकट उनके लिए एक महत्वपूर्ण विश्वास-परीक्षा बन जाता है। सफलता स्थायी विश्वसनीयता का निर्माण करती है, जबकि असफलता के बाद विश्वास पुनः प्राप्त करना कठिन हो जाता है। आरंभिक प्रदर्शन ही पूरी यात्रा की दिशा तय कर देता है।

समकालीन परिप्रेक्ष्य

1. **अजीत डोभाल** – 1972 में केरल के एक दंगा-प्रभावित क्षेत्र की अत्यंत संवेदनशील स्थिति को उन्होंने एक युवा आईपीएस अधिकारी के रूप में शांतिपूर्वक संभाला। इससे उन्हें गहरा विश्वास मिला और अंततः यही उन्हें राष्ट्रीय सुरक्षा सलाहकार बनने की दिशा में ले गया।

2. **सुंदर पिचाई** – संदेह के माहौल के बीच भी क्रोम ब्राउज़र के विचार पर लगातार दांव लगाते रहने से वे एक आशाजनक प्रबंधक से अपरिहार्य सीईओ बन गए।

3. **इंद्रा नूयी** – पेप्सिको के बोर्ड के साथ अपनी पहली बैठक में स्पष्टता ने उन्हें तुरंत सम्मान दिलाया और भविष्य के नेतृत्व की राह प्रशस्त की।

मुख्य निष्कर्ष

1. आपकी पहली परीक्षा ही आपकी पहचान बनाती है

करियर की शुरुआत में मिलने वाले छोटे कार्य ही लंबे समय के विश्वास या अविश्वास की नींव रखते हैं। उन्हें पूरी गंभीरता से लेना चाहिए।

2. कर्म शब्दों से अधिक प्रभावी होते हैं।

उत्साह नहीं, बल्कि व्यवहार, निरंतरता और जिम्मेदारी का निर्वहन ही विश्वास का निर्माण करते हैं

3. छोटी-छोटी उपलब्धियाँ बड़े करियर को आकार देती हैं।

करियर की शुरुआत में मिलने वाले छोटे कार्य लंबे समय के विश्वास या अविश्वास को तय करते हैं। उन्हें गंभीरता से लेना चाहिए। एक शानदार पहला कार्य पूरे करियर में विश्वास और अवसरों के द्वार खोल सकता है।

4. संयम आपकी सबसे बड़ी ताकत है।

संकट के समय शांत रहना, आक्रामकता या बहानों से कहीं अधिक तेजी से सम्मान दिलाता है।

5. प्रारंभिक विश्वसनीयता एक आजीवन संपत्ति है

शुरुआती दिनों की बनी छवि ही अक्सर करियर की दिशा तय करती है।

अध्याय 4

उभरते पेशेवर कार्यकर्ताओं के लिए प्रभावी संचार कौशल

संस्कारसम्पन्ना मृदुतामविलम्बिताम्।
उच्चारयति कल्याणीं वाचं हृदयहारिणीम्।। 4.3.32 ।।

उनके शब्द शुभ हैं। वे परिष्कृत हैं। न तो वे अत्यधिक तेज़ हैं और न ही धीमे। उनके कथन हृदय को मोह लेते हैं।

ऋष्यमूक पर्वतों के निकट वन में, श्री राम और सुग्रीव का मिलन—जो हनुमान की कुशल और विवेकपूर्ण पहल से संभव हुआ—रामायण की महागाथा में एक निर्णायक मोड़ साबित हुआ। सुग्रीव, श्री राम और लक्ष्मण के इरादों को लेकर आशंकित थे, इसलिए उन्होंने हनुमान (वेश बदलकर) को उनकी पहचान और उद्देश्य को विनम्रता से जानने के लिए भेजा।

हनुमान की सावधानीपूर्ण भाषा और सच्ची जिज्ञासा ने सभी संदेहों को दूर कर दिया, जिससे श्री राम को अपने उद्देश्य को स्पष्ट रूप से साझा करने का अवसर मिला।

इस सम्मानपूर्ण संवाद ने एक ऐतिहासिक गठबंधन को जन्म दिया, क्योंकि सुग्रीव ने अंततः श्री राम पर विश्वास किया, और दोनों ने मिलकर ऐसे कार्य सिद्ध किए जो अकेले संभव नहीं थे। यह कथा हमें याद दिलाती है कि संवाद का तरीका—विशेषकर अनिश्चित परिस्थितियों में—संबंधों और परिणामों को आकार देता है।

उभरते पेशेवर कार्यकर्ताओं के लिए यह सीख सरल लेकिन अत्यंत प्रभावशाली है: कुशलता और सहानुभूति विश्वास का निर्माण करती हैं। शब्दों का सोच-समझकर चयन—पहले सुनना, धीरे और विनम्रता से बोलना, संवाद को प्रोत्साहित करना—अवसरों के द्वार खोल सकता है, चुनौतियों का समाधान कर सकता है और सफलता

में स्थायी साझेदारियाँ बना सकता है।

जैसा कि हनुमान की बुद्धिमत्ता ने दिखाया, कुशल संप्रेषण केवल शिष्टाचार नहीं है—यह एक सच्चा नेतृत्व कौशल है जो भाग्य बदल देता है।

समकालीन परिप्रेक्ष्य

1. **सुब्रतो बागची,** माइंडट्री के सह-संस्थापक, जिन्होंने ओडिशा के COVID-19 प्रवक्ता के रूप में कार्य किया, उन्होंने जटिल सूचनाओं को शांत सरलता और गहरी सहानुभूति के साथ प्रस्तुत किया। उनके स्पष्ट और आश्वस्त करने वाले संवाद ने अनिश्चित संकट के समय व्यापक जनविश्वास बनाया और सामूहिक कार्रवाई को प्रेरित किया। प्रभावी संप्रेषण के माध्यम से एक संभावित संकट की स्थिति को टाला गया।

2. **बराक ओबामा,** जिनके भाषण दृढ़ता और सहानुभूति का संतुलन होते हैं, ने बार-बार विविध जनसमूहों को एकजुट किया है। उनके शब्दों का चयन तीव्र विभाजन को शांत कर सकता है और संकट के क्षणों में आशा जगा सकता है।

3. **रोहित शर्मा,** भारतीय क्रिकेट टीम के कप्तान के रूप में, तीक्ष्ण रणनीतिक निर्देशों और सौम्य प्रोत्साहन के बीच संतुलन बनाए रखते हैं। उनका शांत संवाद अंतरराष्ट्रीय खेल के अत्यधिक दबाव में भी विश्वास को मजबूत करता है।

मुख्य निष्कर्ष

1. हमेशा विनम्र, स्पष्ट और रचनात्मक ढंग से बोलें

करियर की शुरुआती प्रगति अक्सर इस पर अधिक निर्भर नहीं करती है कि आप **क्या कहते हैं**, बल्कि इस पर कि आप उसे **कैसे कहते हैं**। "यह गलत है" जैसे सीधे और कठोर वाक्यों से बचें। इसके बजाय कहें, "मेरे पास एक अलग दृष्टिकोण है," जिससे टकराव के बजाय संवाद को प्रोत्साहन मिले।

2. ई-मेल में शिष्टाचार बनाए रखें

स्पष्ट विषय पंक्ति का उपयोग करें और अपने संदेश को विशिष्ट कार्य बिंदुओं पर केंद्रित रखें।

3. प्रभावी रूप से मुद्दे उठाएँ (Escalate करें)

किसी समस्या को आगे बढ़ाते समय उद्देश्य समाधान होना चाहिए, न कि केवल अपनी बात को सही सिद्ध करना।

4. उद्देश्यपूर्ण प्रश्न पूछें

बैठकों में संक्षिप्त और सार्थक प्रश्न पूछें, जो समझने में मदद करें—न कि केवल अपनी बुद्धिमत्ता दर्शाने के लिए।

अध्याय 5

नई चुनौतियों का चपलता के साथ संचालन करें

सूर्ये चास्तं गते रात्रौ देहं संक्षिप्य मारुतिः।
पृषदंशकमात्रः सन् बभूव अद्भुतदर्शनः॥5.2.49॥

जब सूर्य अस्त हो गया और रात्रि का आगमन हुआ, तब
वायु-पुत्र मारुति ने अपने शरीर को संकुचित कर लिया और वह
मात्र एक छोटे कीट या सूक्ष्म जीव जितना के समान आकार
के हो गए। उनका वह रूप अत्यंत अद्भुत और मनोहर था।

महाकाव्य रामायण में सुंदरकाण्ड एक ऐसा आकर्षक अध्याय है जो श्री राम, जो केंद्रीय नायक हैं, से ध्यान हटाकर हनुमान के साहसी और अद्भुत पराक्रमों पर केंद्रित करता है। अनेक घटनाओं में से यह प्रसंग हनुमान की असाधारण अनुकूलन क्षमता को दर्शाता है। समुद्र को लांघने के उनके विशालकाय प्रयास के बाद—जो स्वयं अपार शक्ति और दृढ़ संकल्प का परिचायक था—वे लंका के अभेद्य नगर के समक्ष पहुँचे, जो अत्यंत सुदृढ़ रूप से सुरक्षित और चौकन्ने रक्षकों से घिरा हुआ था। सीता की खोज के अपने उद्देश्य को पूरा करने के लिए हनुमान को अपनी रणनीति पूरी तरह बदलनी पड़ी।

अपार बल पर निर्भर रहने के बजाय उन्होंने असाधारण बुद्धिमत्ता और सूझ-बूझ का परिचय देते हुए अपने शरीर का आकार छोटा कर लिया और अत्यंत सूक्ष्म एवं चपल रूप धारण कर लिया। इस रूपांतरण ने उन्हें शत्रु के दुर्ग में बिना किसी की दृष्टि में आए प्रवेश करने, भीतर की कठिन परिस्थितियों को सावधानीपूर्वक पार करने और अंततः अशोक वाटिका में उदासीन अवस्था में बैठी सीता को खोजने में सक्षम बनाया।

यह कथा, यद्यपि प्राचीन है, एक कालातीत नेतृत्व-सीख को उजागर करती है: नई चुनौतियों का सामना करते समय अनुकूलन क्षमता अत्यंत आवश्यक है। हनुमान की तरह, वास्तविक शक्ति अक्सर इस सूक्ष्म समझ में निहित होती है कि कब साहसपूर्वक विस्तार करना है और कब विनम्रता से स्वयं को संकुचित करना है।

यह शाश्वत सीख आज के समय में भी इतिहास और उद्योग के आधुनिक नेतृत्व में प्रतिध्वनित होती है।

समकालीन परिप्रेक्ष्य

1. **अरुंधति भट्टाचार्य**, जो भारतीय स्टेट बैंक की पहली महिला चेयरपर्सन थीं, उन्होंने महत्वपूर्ण सुधारों और डिजिटलीकरण का नेतृत्व किया। SBI से सेवानिवृत्ति के बाद उन्होंने स्वयं को पुनः स्थापित करते हुए Salesforce, दक्षिण एशिया की प्रेसिडेंट और CEO के रूप में कार्यभार संभाला। यह उनकी पारंपरिक बैंकिंग से लेकर अत्याधुनिक तकनीक तक विविध क्षेत्रों में उत्कृष्ट अनुकूलन क्षमता को दर्शाता है।

2. **खेल जगत में,** महान भारतीय क्रिकेटर महेंद्र सिंह धोनी ने अद्भुत बहुमुखी प्रतिभा का प्रदर्शन किया। क्रिकेट मैदान पर वे आक्रामकता और धैर्य का संतुलन रखते थे, और एक फिनिशर तथा एंकर की भूमिकाओं के बीच सहजता से परिवर्तन करते थे। कप्तान के रूप में उनका शांत और रहस्यमय स्वभाव अवसर आने पर निर्णायक और साहसिक निर्णयों को छुपाए रहता था। रणनीति से परे, खिलाड़ी से मार्गदर्शक तक उनका रूपांतरण विभिन्न प्रारूपों और पीढ़ियों में टीम की सफलता का आधार बना।

3. **बिजू पटनायक** (उद्योगपति एवं ओडिशा के पूर्व मुख्यमंत्री) केवल एक राजनेता नहीं थे, बल्कि प्रारंभ में एक साहसी पायलट भी थे। द्वितीय विश्व युद्ध के दौरान उन्होंने रॉयल इंडियन एयर फोर्स में सेवा दी। 1947 में उन्होंने इंडोनेशिया में एक साहसिक बचाव अभियान चलाया—शत्रु क्षेत्र में उड़ान भरकर स्वतंत्रता सेनानियों को सुरक्षित बाहर निकाला—जिसके लिए उन्हें इंडोनेशिया में "भूमिपुत्र" की उपाधि मिली। स्वतंत्रता के बाद उन्होंने कलिंगा एयरलाइंस और कलिंगा ट्यूब्स की स्थापना की तथा ओडिशा के औद्योगिक विकास को आगे बढ़ाया। उनके दृष्टिकोण से राउरकेला इस्पात संयंत्र, परादीप बंदरगाह, नालको और भुवनेश्वर हवाई अड्डे जैसी बड़ी परियोजनाएँ साकार हुई। ओडिशा के दो बार मुख्यमंत्री रहे बिजू पटनायक अपनी स्वतंत्र सोच और

साहसिक निर्णयों के लिए सम्मानित थे। वे एक जननेता, दूरदर्शी नीति निर्माता और व्यावहारिक वार्ताकार—इन सभी भूमिकाओं के बीच सहजता से परिवर्तन करने में सक्षम थे।

मुख्य निष्कर्ष

1. एक साथ कई भूमिकाएँ निभाना

यह युवाओं को भविष्य में बड़े दायित्वों के लिए तैयार करता है। अक्सर युवा एक साथ कई भूमिकाएँ निभाने से बचते हैं और इसके दीर्घकालिक लाभों को नज़रअंदाज़ कर देते हैं।

2. विभिन्न हितधारकों की अपेक्षाओं के अनुसार अनुकूलन

वरिष्ठ अधिकारी परिणाम चाहते हैं, सहकर्मी प्रक्रियात्मक चरणों पर ध्यान देते हैं, और ग्राहक अपने निवेश के बदले मूल्य की अपेक्षा रखते हैं। युवा पेशेवरों के लिए आवश्यक है कि वे इन विभिन्न हितधारकों की अपेक्षाओं को समझते हुए उनके बीच संतुलन बनाकर समय पर उन्हें पूरा करें।

3. विभिन्न संचार माध्यमों का उपयोग

कॉन-कॉल, वेब मीटिंग और व्हाट्सएप चैट का उपयोग कार्यों की त्वरित निष्पादन गति के लिए किया जाना चाहिए, जबकि ई-मेल का उपयोग दस्तावेज़ीकरण के लिए उपयुक्त है। युवा पेशेवरों को सफलता प्राप्त करने के लिए विभिन्न संचार माध्यमों के साथ शीघ्रता से अनुकूल होना आवश्यक है।

अध्याय 6

निरंतरता हर राह खोल देती है

न विनश्येत् कथं कार्यं, वैक्लव्यं न कथं भवेत्।
लङ्घनं च समुद्रस्य कथं नु न वृथा भवेत् ॥ 5.2.41 ॥

मैं यह काम कैसे करूँ कि सफल रहूँ, कैसे कमजोरी या अधीरता से बचूँ,और समुद्र पार करने की मेरी कोशिश बेकार न हो?

हनुमान का विशाल समुद्र को लांघना रामायण के सबसे प्रेरणादायक क्षणों में से एक माना जाता है। हर चरण पर हनुमान को केवल अपनी शक्ति में ही नहीं, बल्कि अपने चरित्र, अनुकूलन क्षमता और इच्छाशक्ति में भी परखा गया।

सबसे पहले आई सुरसा, वह दिव्य सर्पिणी जिसने अपना विशाल मुख खोलकर उनका मार्ग रोक लिया। उसे पार करना असंभव सा प्रतीत हुआ। लेकिन व्यर्थ युद्ध में अपनी शक्ति खर्च करने के बजाय, हनुमान ने बुद्धि का प्रयोग किया। वे उसके आकार के बराबर बड़े हुए, फिर अंगूठे के बराबर छोटे होकर उसके भीतर से निकल गए। यहाँ दृढ़ता का अर्थ था—बुद्धि से परिपक्व धैर्य, यानी जब बल काम न आए, तब मार्ग खोजने की क्षमता।

इसके बाद सामने आई सिम्हिका, वह छाया को पकड़ने वाली राक्षसी, जिसने उन्हें नीचे गहराइयों में खींच लिया। यहाँ कूटनीति का कोई अवसर नहीं था। इस स्थिति में दृढ़ता का अर्थ था—बल का प्रयोग। एक प्रबल प्रहार से हनुमान ने स्वयं को मुक्त किया और पुनः ऊपर उड़ चले। उन्होंने समझ लिया कि कुछ बाधाएँ ऐसी होती हैं, जिन्हें टाला नहीं जा सकता, बल्कि निर्णायक कार्रवाई से ही पार किया जाता है।

अंत में, लंका के द्वार पर लंकिनी, उस नगर की रक्षक, खड़ी थी। अब तक हनुमान अनेक परीक्षाओं से थक चुके थे, फिर भी उन्होंने हार नहीं मानी। एक संतुलित और नियंत्रित प्रहार से उन्होंने उसे परास्त कर दिया।

हमारा करियर भी अक्सर सीधी, आसान राह की तरह नहीं होता। वह हनुमान के समुद्र-लांघन जैसा ही होता है। शुरुआत में लक्ष्य दूर और बाधाएँ अत्यधिक बड़ी लगती हैं। बीच रास्ते में अनदेखी समस्याएँ —(थकान, असफलता, आलोचना या संदेह) हमें नीचे खींच सकती हैं। और अंत के करीब, आत्मसंतोष या रुकावटें हमें हार मानने के लिए उकसा सकती हैं।

समकालीन परिप्रेक्ष्य

1. **धीरूभाई अंबानी** ने अदन में एक पेट्रोल पंप कर्मचारी के रूप में साधारण शुरुआत की। हर कदम पर उन्हें संदेह का सामना करना पड़ा—बैंकों ने उन पर भरोसा नहीं किया, प्रतिद्वंद्वियों ने उन्हें नज़रअंदाज़ किया और नियामकों ने अक्सर उनका विरोध किया। फिर भी उन्होंने हार नहीं मानी। हर अस्वीकृति को उन्होंने अपने संकल्प में बदल दिया। ईंट दर ईंट, उन्होंने रिलायंस समूह का निर्माण किया, जिसने भारत के व्यावसायिक परिदृश्य को बदल दिया।

2. अपने करियर की शुरुआत में **अमिताभ बच्चन** की आवाज़ को फिल्मों के लिए अनुपयुक्त बताया गया। बाद में, कई फिल्मों के असफल होने और उनकी कंपनी एबीसीएल के बंद हो जाने के बाद, उन्हें पूरी तरह नज़रअंदाज़ कर दिया गया। लेकिन बच्चन ने हार नहीं मानी। उनकी दृढ़ता ने उन्हें "कौन बनेगा करोड़पति" और यादगार फिल्मी भूमिकाओं के माध्यम से फिर से सफलता के शिखर पर पहुँचा दिया, और वे दोबारा भारतीय सिनेमा के "शहंशाह" बन गए।

3. **थॉमस एडिसन** ने बल्ब के आविष्कार के दौरान हज़ारों बार असफल होने के बाद कहा, "मैं असफल नहीं हुआ हूँ। मैंने केवल १०,००० ऐसे तरीके खोजे हैं जो काम नहीं करते।" महान लोग असफलता को अंत नहीं मानते, बल्कि उसे सीखने और आगे बढ़ने का एक प्रयास मानते हैं।

4. **जे. के. रोलिंग** ने गरीबी में जीवन बिताते हुए और कई प्रकाशकों द्वारा अस्वीकृत होने के बावजूद अपनी पांडुलिपि को लगातार सुधारना जारी रखा। उनकी दृढ़ता ने "हैरी पॉटर" को अस्वीकृतियों के ढेर से उठाकर एक वैश्विक सफलता बना दिया।

मुख्य निष्कर्ष

1. पूर्णता की प्रतीक्षा नहीं, शुरुआत करें

सही समय का इंतज़ार बहाना है; आगे बढ़ना हमेशा कदम उठाने से शुरू होता है।

2. केवल सफलता नहीं, प्रयास को भी मापें

हर प्रयास - हर कॉल, हर ड्राफ्ट और हर अभ्यास मिलकर धीरे-धीरे सफलता का निर्माण करते हैं।

3. हार नहीं माने, परिस्थिति के अनुसार ढल जाएँ

यदि एक मार्ग विफल हो जाए, तो दृढ़ता का अर्थ लक्ष्य नहीं, बल्कि रणनीति बदलना होता है।

4. समाप्ति रेखा की रक्षा करें

कई परियोजनाएँ शुरुआत में नहीं, बल्कि पूर्णता के निकट प्रयास कमजोर पड़ने पर असफल हो जाती हैं।

अध्याय 7

आत्म-विश्वास हर करियर की प्रगति का पहला कदम होता है

बुद्ध्या चाह प्रपश्यामि मनश्चेष्टा च मे तथा।
अहं द्रक्ष्यामि वैदेहीं प्रमोदध्वं प्लवङ्गमाः ॥ 4.67.27 ॥

"हे वानरों! मेरे मन में यह दृढ़ विश्वास और इच्छा है कि मैं वैदेही (सीता जी) को अवश्य देखूँगा। इसलिए हे वानरों, प्रसन्न हो जाओ।"

सीता को बचाने के लिए सबसे पहले उनका पता लगाना आवश्यक था। इसलिए वानरराज सुग्रीव ने सीता की खोज के लिए अपने वानरों को सभी दिशाओं में भेजा। अंततः दक्षिण दिशा की खोज करने वाली वानर सेना का मार्गदर्शन सम्पाती ने किया, जो वीर दिव्य पक्षी जटायु का बड़ा भाई था। जटायु ने रावण से सीता की रक्षा करते हुए अपने प्राणों का बलिदान दिया था। सम्पाती यद्यपि वृद्ध और अशक्त था, फिर भी उसमें इतनी अद्भुत दृष्टि थी कि वह बहुत दूर तक देख सकता था और उसने लंका में सीता को देख लिया।

इसी समय बुद्धिमान भालू जाम्बवान ने हनुमान को उनकी भूली हुई शक्तियों की याद दिलाई। बचपन में हनुमान ने एक बार सूर्य को फल समझकर उसकी ओर छलांग लगाई थी। इस कारण उन्हें यह श्राप मिला था कि जब तक कोई उन्हें उनकी शक्तियों की याद नहीं दिलाएगा, वे अपनी ताकत भूल जाएंगे।

जाम्बवान के स्मरण कराने पर हनुमान का आत्मविश्वास फिर से जाग उठा।

महान शक्तिशाली हनुमान ने कहा कि उन्हें अपनी शक्ति और क्षमता पर पूरा विश्वास है और वे निश्चित रूप से समुद्र को पार कर सकते हैं। इससे वानरों में भी उत्साह भर गया और उन्हें आशा हुई कि सीता को अंततः ढूंढ लिया जाएगा।

समकालीन परिप्रेक्ष्य

1. मणिपुर के दूर-दराज़ गाँवों में एक छोटी लड़की को बहुत कम संसाधनों और बिना किसी उदाहरण के प्रशिक्षण दिया गया। बहुत कम लोगों को विश्वास था कि ऐसे पृष्ठभूमि से आने वाली कोई महिला वैश्विक मुक्केबाज़ी के मंच तक पहुँच सकती है। लेकिन मैरी कॉम ने स्वयं पर विश्वास किया। उसी विश्वास ने उन्हें कठिन प्रशिक्षण, असंख्य असफलताओं और अपने खेल के चुनाव पर सवाल उठाने वालों के बीच आगे बढ़ाया। उनकी दृढ़ आस्था का परिणाम मिला—छह विश्व चैंपियनशिप खिताब और एक ओलंपिक पदक।

2. कर्नाल में बचपन के दिनों में कल्पना चावला आसमान की ओर केवल आश्चर्य से नहीं, बल्कि एक उद्देश्य के साथ देखती थीं। वह उड़ने का सपना देखती थीं, जबकि अपने छोटे से शहर से बाहर कदम रखना भी महत्वाकांक्षी माना जाता था। फिर भी उनके अनुशासित आत्म-विश्वास ने उन्हें इंजीनियरिंग, एयरोनॉटिक्स और अंततः नासा के अंतरिक्ष यात्री कार्यक्रम तक पहुँचाया। कल्पना का जीवन लाखों लोगों को यह प्रेरणा देता है कि कोई भी सपना बहुत दूर नहीं और कोई भी तारा पहुँच से बाहर नहीं है।

3. 20वीं शताब्दी की शुरुआत में मानव उड़ान को मूर्खता माना जाता था। अखबारों ने मज़ाक उड़ाया, विशेषज्ञों ने उपेक्षा की और समाज हँसा। फिर भी **विल्बर और ऑरविल राइट** डटे रहे। वे ऐसी स्पष्ट आस्था के साथ विश्वास करते थे जो उपहास को अनदेखा कर देती थी। 1903 में किटी हॉक में उनकी नाज़ुक मशीन हवा में उठी—और इतिहास ने उड़ान भर ली। उनकी कहानी एक शाश्वत सत्य को दर्शाती है: नवाचार संसाधनों या प्रशंसा से नहीं, बल्कि उस आंतरिक आवाज़ से शुरू होता है जो कहती है—"यह किया जा सकता है।"

4. **नेल्सन मंडेला** से अधिक लंबा और कठोर संघर्ष बहुत कम लोगों ने झेला है। 27 वर्षों की जेल किसी का भी मनोबल तोड़ सकती थी, लेकिन इसने उनके संकल्प को और मजबूत किया। वे जेल से न तो कटुता लेकर निकले और न ही निराशा, बल्कि यह विश्वास लेकर निकले कि न्याय, समानता और मेल-मिलाप संभव है। उनके आत्म-विश्वास ने न केवल उनके जीवन को, बल्कि दक्षिण अफ्रीका के भाग्य को भी बदल दिया। मंडेला की यात्रा दिखाती है कि बेड़ियाँ शरीर को बाँध सकती हैं, लेकिन दृढ़ विश्वास आत्मा को मुक्त रखता है—और अंततः राष्ट्रों को भी बदल सकता है।

मुख्य निष्कर्ष

1. "मैं कर सकता हूँ।"

करियर की शुरुआत में यह आत्मविश्वास विकसित करना अत्यंत महत्वपूर्ण है। यह युवाओं को दीर्घकालिक सफलता और संतोष की ओर ले जाता है। आत्म-विश्वास व्यक्ति को पहल करने, सीखने के लिए तैयार रहने और असफलताओं से उबरने में सक्षम बनाता है—ये सभी गुण नियोक्ताओं द्वारा अत्यधिक मूल्यवान माने जाते हैं और करियर विकास के लिए आवश्यक हैं।

2. छोटे और सरल लक्ष्य निर्धारित करें

बड़े कार्यों को छोटे-छोटे, आसानी से पूरे किए जा सकने वाले हिस्सों में बाँटने से निरंतर प्रगति बनती है और आत्म-विश्वास मजबूत होता है।

3. विपरीत परिस्थितियों में भी दृढ़ता से निरंतरता बनाए रखना

जैसे सम्पाती की दृष्टि ने खोज में मार्गदर्शन किया, वैसे ही दूरदृष्टि और दृढ़ संकल्प चुनौतियों का सामना करने और समाधान खोजने में अत्यंत महत्वपूर्ण हैं।

4. साझा लक्ष्य की ओर सामूहिक प्रयास

सुग्रीव की सभी दिशाओं में खोज दल भेजने की रणनीति यह दर्शाती है कि बाधाओं को पार करने में समन्वित टीमवर्क की शक्ति कितनी महत्वपूर्ण होती है।

अध्याय 8

समय-सीमा का सम्मान करें

स्मारितोऽस्म्यहमनेन तत्त्वमहामहोदधिः ।
काममद्यैव बध्नन्तु सेतुं वानरपुङ्गवाः ॥ 6.22.51 ॥

इसने मुझे इस महान समुद्र के वास्तविक स्वरूप की याद दिलाई है।
अब वानरों में श्रेष्ठ लोग बिना विलंब किए सेतु का निर्माण आरंभ करें।

जब वानरों में अद्वितीय अभियंता नल ने विशाल समुद्र पर सेतु बनाने की अपनी विशेष क्षमता प्रकट की, तब श्री राम ने तनिक भी विलंब नहीं किया। उन्होंने न तो लंबी चर्चा में समय लगाया और न ही किसी लंबे अनुमोदन की प्रतीक्षा की। श्री राम का आदेश तत्काल था—"तुरंत आरंभ करो।" यह निर्णायक आदेश केवल विचार को क्रिया में बदलने का माध्यम बना, और मात्र पाँच दिनों में वानरों ने उस विशाल सेतु का निर्माण पूरा कर दिया, जिससे इस महा अभियान को आगे बढ़ाना संभव हुआ। समय-सीमा का पालन ही इस ऐतिहासिक उपलब्धि की कुंजी था।

- समय-सीमा चूकना या निर्णय में देरी करना ऐसे अवसरों को खो सकता है, जो अक्सर दोबारा नहीं मिलते।

- विलंबित परियोजनाएँ अपनी गति, विश्वसनीयता और टीम का मनोबल खो सकती हैं।

- समयपालन के माध्यम से विश्वसनीय मानी जाने वाली टीमें ऐसी प्रतिष्ठा बनाती हैं जो नए अवसरों के द्वार खोलती हैं, जबकि लगातार देरी संदेह और ठहराव को जन्म देती है।

समकालीन परिप्रेक्ष्य

1. **इसरो के मंगलयान मिशन** ने बेहद कम अंतरिक्ष बजट के बावजूद अपने पहले ही प्रयास में अंतरग्रहीय सफलता हासिल की। हर सेकंड को एक संसाधन की तरह उपयोग किया गया, जिससे यह सिद्ध हुआ कि अनुशासित समय-सीमा सीमित धन से भी बेहतर परिणाम दे सकती है।

2. **कोविड-19 टीकों का विकास** इतिहास का सबसे तेज़ वैक्सीन निर्माण प्रयास था। संकुचित समय-सीमा ने यह दिखाया कि जब वैश्विक स्तर पर तात्कालिकता को समझा और समन्वित किया जाता है, तो वह लाखों जीवन बचा सकती है और वैश्विक सहयोग को नया रूप दे सकती है।

3. द्वितीय विश्व युद्ध के दौरान **डी-डे लैंडिंग्स** में मित्र देशों के कमांडरों ने ज्वार और मौसम के एक सटीक समय-खंड का उपयोग करके ऐतिहासिक आक्रमण शुरू किया। केवल एक दिन की गलती भी युद्ध के परिणाम को बदल सकती थी, जिससे यह स्पष्ट होता है कि विजय अक्सर सही समय पर निर्भर करती है।

4. एप्पल का **आईफोन लॉन्च** पहला स्मार्टफोन नहीं था, लेकिन इसे उस सही समय पर प्रस्तुत किया गया जब डिज़ाइन, उपयोगकर्ता की तैयारी और तकनीक एक साथ मेल खा रहे थे—जिसने एक डिजिटल क्रांति को जन्म दिया।

मुख्य निष्कर्ष

1. समयबद्धता के बिना प्रयास विफल हो जाते हैं

यदि कौशल, ज्ञान और संसाधनों का उपयोग सही समय पर न किया जाए, तो उनकी प्रभावशीलता समाप्त हो जाती है।

2. अनुशासन के बिना सफलता अस्थिर होती है

संयोग से प्राप्त सफलता भी तब टिकाऊ नहीं रहती जब उसमें समयपालन और निरंतरता की मजबूत नींव न हो।

3. समय प्रतिभा को और अधिक प्रभावशाली बनाता है

जो नेता समय-सीमा का सम्मान करते हैं और कार्यों में तत्परता को बढ़ावा देते हैं, वे न केवल उत्कृष्ट परिणाम प्राप्त करते हैं, बल्कि दीर्घकालिक सम्मान और विश्वास भी अर्जित करते हैं।

अध्याय 9

विवेकहीन निष्ठा के बजाय नैतिक सत्यनिष्ठा का चयन करें

तन्मर्षयत यच्चोक्तं गुरुत्वाद्धाहितं मया ।
आत्मानं सर्वथा रक्ष परीं चेमां सराक्षसाम् ॥ 6.16.25 ॥
स्वस्ति तेऽस्तु गमिष्यामि सखी भव मया विना ॥ 6.16.26 ॥

चूँकि आप एक वृद्ध हैं, इसलिए मैंने आपको शुभ सलाह देने की इच्छा से ये बातें कही थीं। कृपया मुझे क्षमा करें। मेरे यहाँ से चले जाने के बाद आप इन सभी राक्षसों, इस राजधानी नगर और अपनी स्वयं की रक्षा करें। आपका कल्याण हो और आप सदा सुखी रहें।

लंका का दरबार विभाजित था। सीता का हरण करने के बाद रावण का अहंकार उसे अंधा कर चुका था, और कई सलाहकार उसे समझा रहे थे कि वह सीता को श्री राम को लौटा दे, जिससे विनाश से बचा जा सके। इन्हीं सलाहकारों में दो भाई—विभीषण और कुम्भकर्ण—भी शामिल थे।

दोनों जानते थे कि रावण के कार्य धर्म के विरुद्ध हैं, लेकिन उनकी प्रतिक्रियाएँ दो अलग-अलग मार्गों को दर्शाती थीं।

विभीषण ने साहस के साथ रावण को समझाया कि एक शासक का कर्तव्य धर्म की रक्षा करना है, न कि उसका उल्लंघन। जब उनका उपहास और अपमान किया गया, तो उन्होंने समझ लिया कि चुप रहना भी उन्हें अपराध में सहभागी बना देगा।

कुम्भकर्ण ने भी रावण के निर्णय की आलोचना की, लेकिन उन्होंने अनिच्छापूर्ण निष्ठा का मार्ग चुना। रक्त संबंध और योद्धा धर्म के बंधन में बंधकर, वे जानते हुए भी

कि हार निश्चित है, युद्ध में उतर गए। उनकी वीरता की प्रशंसा हुई, लेकिन उनकी निष्ठा उन्हें एक विनाशकारी पक्ष से बाँध गई।

अंधी निष्ठा और सत्यनिष्ठा के बीच का यह द्वंद्व केवल महाकाव्यों तक सीमित नहीं है; यह आधुनिक पेशेवर जीवन में भी बार-बार देखने को मिलता है।

समकालीन परिप्रेक्ष्य

1. 2005 में, इंडियन ऑयल कॉरपोरेशन के अधिकारी मंजुनाथ शन्मुगम ने उत्तर प्रदेश में बड़े पैमाने पर हो रही ईंधन मिलावट का खुलासा किया। वह चाहते तो पहले के कई अधिकारियों की तरह अनदेखा कर सकते थे। वह उस व्यवस्था के प्रति वफादारी चुन सकते थे जो मौन को प्राथमिकता देती थी। लेकिन उन्होंने ईमानदारी का रास्ता चुना—लाइसेंस निलंबित किए, छापेमारी के आदेश दिए और सच्चाई पर अडिग रहे। उनकी यह हिम्मत उनकी जान पर भारी पड़ी और उन लोगों द्वारा उनकी हत्या कर दी गई जिनके मुनाफे पर उन्होंने रोक लगाई थी। फिर भी, विभीषण की तरह, उनकी सत्यनिष्ठा उनकी मृत्यु के बाद भी जीवित रही।

2. 1990 के दशक की शुरुआत में, भारत का लोकतंत्र चुनावी अनियमितताओं से ग्रस्त था। मतदान केंद्र पर जबरन कब्ज़ा , धनबल और धमकी आम बात थी। अधिकांश अधिकारी सिद्धांतों के बजाय सत्ता की सेवा करते हुए चुप रहते थे। जब टी.एन. शेषन मुख्य चुनाव आयुक्त बने, तो उन्होंने खेल के नियम बदल दिए। उनके कार्यकाल के अंत तक उन्होंने भारत के चुनावों को एक औपचारिक प्रक्रिया से बदलकर एक विश्वसनीय व्यवस्था में परिवर्तित कर दिया। उनकी विरासत ने सिद्ध किया कि सच्ची सेवा शासकों के प्रति नहीं, बल्कि धर्म और नियमों के प्रति निष्ठा में होती है।
3. 2001 में, एनरॉन कंपनी की उपाध्यक्ष शेरोन वॉटकिन्स ने बड़े पैमाने पर वित्तीय घोटाले का पता लगाया। वह चाहतीं तो चुप रहकर अपना करियर बचा सकती थीं, लेकिन उन्होंने वरिष्ठ नेतृत्व को सचेत किया, जिससे उन्हें अलग-थलग पड़ने का जोखिम उठाना पड़ा। अंततः एनरॉन कंपनी गिर गई, लेकिन वॉटकिन्स की सत्यनिष्ठा ने उन्हें कॉर्पोरेट इतिहास की सबसे सम्मानित व्हिसलब्लोअर्स में स्थान दिलाया।

4. सिलिकॉन वैली की स्टार्टअप कंपनी थेरानोस में, जिसे क्रांतिकारी ब्लड टेस्ट तकनीक के लिए सराहा जा रहा था, टायलर शुल्ट्ज़ ने पाया कि यह तकनीक वास्तव में काम नहीं करती थी। उनका निर्णय और भी कठिन था क्योंकि उनके दादा कंपनी के बोर्ड में थे। फिर भी उन्होंने व्यक्तिगत निष्ठा के बजाय सत्य को चुना और व्यक्तिगत जोखिम उठाते हुए धोखाधड़ी का खुलासा किया। उनकी हिम्मत ने बड़े नुकसान को रोका और स्टार्टअप दुनिया में जवाबदेही का एक महत्वपूर्ण उदाहरण स्थापित किया।

मुख्य निष्कर्ष

1. अंधी निष्ठा खतरनाक होती है

यह कुम्भकर्ण के उदाहरण की तरह अस्थायी सुकून दे सकती है, लेकिन अक्सर इसका अंत व्यर्थता में होता है।

2. सत्यनिष्ठा बलिदान की माँग कर सकती है

यह ऐसी विरासत बनाती है जो समय के साथ भी बनी रहती है। सच्चा नेतृत्व किसी व्यक्ति के साथ खड़े होने में नहीं, बल्कि सिद्धांतों के साथ खड़े होने में होता है।

3. सत्यनिष्ठा शक्ति से अधिक समय तक टिकती है

जब संगठन अपने मूल्यों को छोड़ देते हैं, तो जो लोग चुप रहते हैं वे भी उस गलत व्यवस्था के भागीदार बन जाते हैं। जो लोग या तो उससे अलग हो जाते हैं या दृढ़ता से खड़े रहते हैं, वे आराम खो सकते हैं, लेकिन सम्मान अर्जित करते हैं। सच्ची निष्ठा बॉस या संबंधों के प्रति नहीं, बल्कि धर्म और सिद्धांतों के प्रति होती है।

अध्याय 10

उद्देश्य की स्पष्टता: सफलता की ओर पहला कदम

ततो रावणनीतायाः सीतायाः शोककर्शितः ।
इयेष पदमन्वेष्टुं चारणाचरिते पथि ॥ 5.1.1 ॥

"इसके बाद, रावण द्वारा हरण की गई और शोक से पीड़ित सीता को (ढूँढने के लिए) हनुमान ने उनके पदचिह्नों की खोज करने की इच्छा की और वे चारणों द्वारा अपनाए गए मार्ग पर चल पड़े।"

समुद्र के दक्षिणी तट पर वानर अनिश्चितता से पराजित-से खड़े थे। उन्हें पता था कि सीता लंका में हैं—सम्पाती ने इसकी पुष्टि की थी—फिर भी विशाल समुद्र आशा के विरुद्ध एक अवरोध की तरह उनके सामने फैला हुआ था। उस मौन में जाम्बवान ने हनुमान की ओर मुड़कर एक भूला हुआ सत्य याद दिलाया—वह शक्ति जो कभी उन्होंने सूर्य की ओर छलांग लगाने में उपयोग की थी, आज भी उनके भीतर जीवित थी।

इस स्मरण ने केवल शक्ति को नहीं जगाया, बल्कि उद्देश्य को भी स्पष्ट कर दिया। हनुमान अब न तो अहंकार के लिए और न ही प्रदर्शन के लिए छलांग लगा रहे थे। उनका कार्य स्पष्ट था—सीता की खोज करना और श्री राम तक संदेश पहुँचाना। इसी उद्देश्य को अपनी दिशा और प्रयास को अपनी शक्ति बनाकर उन्होंने लंका की ओर दृष्टि केंद्रित की और छलांग लगा दी।

समुद्र, जिसका आकार वही था, अचानक पार करने योग्य प्रतीत होने लगा। स्पष्टता ने दूरी को छोटा कर दिया था।

नेतृत्व की सीख (The Leadership Lesson):

- “क्या” करने से पहले “क्यों” को स्पष्ट करें। उद्देश्य लोगों और निर्णयों को दिशा देता है।
- ऊर्जा को मिशन से जोड़ें। स्पष्ट लक्ष्य बाधाओं को उपलब्धियों में बदल देता है।
- निर्णायक रूप से शुरुआत करें। प्रारंभिक गति बढ़ती है; देरी से गति कम हो जाती है।
- स्पष्टता केवल सजावट नहीं, बल्कि आधारभूत संरचना है। यह प्राथमिकताओं, निर्णयों और विश्वास को सहारा देती है।

समकालीन परिप्रेक्ष्य

1. **भारत के अंतरिक्ष मिशनों** को कभी भी अत्यधिक बजट का लाभ नहीं मिला। फिर भी चंद्रयान और मंगलयान सफल रहे क्योंकि उनका उद्देश्य अत्यंत स्पष्ट था—कम संसाधनों में क्षमता का प्रदर्शन करना और वैज्ञानिक पहुँच को सटीकता के साथ बढ़ाना। इस स्पष्टता ने वैज्ञानिकों, इंजीनियरों, विक्रेताओं और नीति-निर्माताओं को एक साथ जोड़ दिया, जिसने कमी को अनुशासन में बदला और अनुशासन को सफलता में परिवर्तित किया।

2. दुनिया में Apple से पहले भी **MP3 प्लेयर** मौजूद थे। लेकिन जो कमी थी वह एक ऐसे सरल उद्देश्य की थी जो डिज़ाइन, इंजीनियरिंग और मार्केटिंग को एक साथ जोड़ सके। स्टीव जॉब्स ने यह उद्देश्य दिया—"1,000 गाने आपकी जेब में।" इन पाँच शब्दों ने अनावश्यक जटिलता को हटाया, टीमों को केंद्रित किया और एक उत्कृष्ट उत्पाद तैयार किया। तकनीक उद्देश्य के पीछे चली, और बाज़ार दोनों के पीछे।

3. 1960 के दशक में भारत खाद्य संकट की छाया में जी रहा था। **हरित क्रांति** केवल बीज, सिंचाई या विज्ञान के कारण सफल नहीं हुई, बल्कि इसलिए भी कि राष्ट्रीय उद्देश्य बिल्कुल स्पष्ट था—खाद्य आत्मनिर्भरता। इस स्पष्ट लक्ष्य ने किसानों, प्रशासन, वैज्ञानिकों और ऋण प्रणालियों को एक साझा आंदोलन में जोड़ दिया और देश की दिशा बदल दी।

4. कई वर्षों तक वित्तीय समावेशन एक अमूर्त विचार बना रहा। 2014 में **प्रधानमंत्री जन धन योजना** ने इसे एक स्पष्ट उद्देश्य में बदल दिया—हर परिवार के पास बैंक खाता होना चाहिए। इस स्पष्टता ने जड़ता को तोड़ दिया। बैंकिंग प्रणाली ने खुद को बदला, तकनीकी प्लेटफॉर्म्स का विस्तार हुआ, और करोड़ों नागरिकों का तेजी से पंजीकरण हुआ। परिणामस्वरूप यह दुनिया के

सबसे बड़े वित्तीय समावेशन अभियानों में से एक बना, जिसने प्रत्यक्ष लाभ हस्तांतरण, बचत की आदतों और डिजिटल शासन की नींव रखी। एक सरल उद्देश्य ने पूरे विशाल तंत्र को सक्रिय कर दिया।

मुख्य निष्कर्ष

1. अपने "क्यों" को स्पष्ट करें

स्पष्ट उद्देश्य ऊर्जा, निर्णय और प्रयासों को एक दिशा में जोड़ देता है, जिससे बाधाएँ भी प्राप्त करने योग्य पड़ाव बन जाती हैं।

2. उद्देश्य आत्मविश्वास और क्रिया को प्रेरित करता है

हनुमान को अपने वास्तविक मिशन की स्पष्ट समझ ने उनकी शक्ति को पुनर्जीवित किया और उन्हें असंभव प्रतीत होने वाली बाधाओं को पार करने के लिए प्रेरित किया।

3. प्रारंभिक गति महत्वपूर्ण होती है

स्पष्टता के साथ निर्णायक शुरुआत करने से स्थायी गति बनती है; जबकि हिचकिचाहट प्रगति और उत्साह को कमजोर कर देती है।

4. स्पष्टता एक आधारभूत संरचना है

उद्देश्य-आधारित स्पष्टता नेतृत्व और सफलता के लिए आवश्यक प्राथमिकताओं, निर्णयों और विश्वास की नींव होती है।

मध्यम प्रबंधन
(Middle Management)

अध्याय 11

अंतर्निहित सामर्थ्य को जगाना: प्रतिभा को पहचानने वाला नेतृत्व

तद् विजृम्भस्व विक्रान्त प्लवतात्तम ह्यसि।
त्वद्वीर्यं द्रष्टुकामा हि सर्वा वानरवाहिनी ॥ 4.66.35 ॥

"इसलिए, उत्साह के साथ उठो और आगे बढ़ो। तुम छलांग लगाने वालों में श्रेष्ठ हो। सम्पूर्ण वानर सेना तुम्हारा पराक्रम देखना चाहती है।"

जब सुग्रीव ने अपनी सेना को संगठित कर जिम्मेदारियाँ बाँटी, तब एक अत्यंत महत्वपूर्ण मिशन शुरू हुआ—सीता की खोज, जिन्हें रावण अपहरण कर लंका ले गया था। यह मिशन निर्णायक था, क्योंकि इसी पर युद्ध की सफलता और सीता की मुक्ति निर्भर थी।

इस कार्य के लिए वानरों की एक चुनी हुई टोली—हनुमान, अंगद, जाम्बवान, नल और नील—घने जंगलों, उफनती नदियों और ऊँचे पर्वतों को पार करते हुए, हर कदम पर अनिश्चितता और खतरे का सामना करते हुए निकल पड़ी।

यात्रा के दौरान उनकी भेंट सम्पाती से हुई, जो वीर जटायु के बड़े भाई थे। वर्षों के अनुभव और दूरदृष्टि से परिपूर्ण सम्पाती ने उन्हें बताया कि सीता लंका में हैं। यह जानकारी अत्यंत महत्वपूर्ण थी, लेकिन असली चुनौती अभी बाकी थी—उस विशाल, अनंत प्रतीत होने वाले समुद्र को पार करना, जो उनके लक्ष्य और उनके बीच खड़ा था।

मार्ग स्पष्ट होने के बावजूद, हनुमान के मन में संकोच उत्पन्न हुआ। अपार शक्ति और असाधारण क्षमताओं के स्वामी होते हुए भी, अज्ञात का भय उन्हें रोक रहा था। इसी

अनिश्चितता के क्षण में जाम्बवान—जो उस दल के बुद्धिमान और दूरदर्शी मार्गदर्शक थे—ने हनुमान के भीतर छिपी क्षमता को पहचाना।

धैर्यपूर्वक उन्होंने हनुमान को उनकी शक्ति, उनके साहस और उनके उद्देश्य की याद दिलाई—वह सब जो उन्हें इस मुकाम तक लाया था।

यह मार्गदर्शन और विश्वास ही वह क्षण था जिसने हनुमान के भीतर सुप्त आत्मविश्वास को जागृत कर दिया। जाम्बवान की प्रेरणा से सशक्त होकर, हनुमान ने वह महान छलांग लगाई—जो असंभव प्रतीत होती थी, यहाँ तक कि स्वयं उन्हें भी।

उसी छलांग ने पूरे मिशन की दिशा बदल दी—सीता की खोज संभव हुई और आगे चलकर रावण के पतन का मार्ग प्रशस्त हुआ।

आज के नेतृत्व के लिए यह एक अत्यंत सारगर्भित सीख है।

असाधारण उपलब्धियाँ केवल व्यक्तिगत प्रयास का परिणाम नहीं होतीं। सच्चा नेतृत्व वह है जो लोगों की छिपी क्षमता को पहचानता है, उन्हें सही मार्गदर्शन देता है और उनके भीतर आत्मविश्वास का निर्माण करता है।

जब नेता अपने साथियों में वह देखते हैं जो वे स्वयं नहीं देख पाते, तब वे ऐसी ऊर्जा और नवाचार को जन्म देते हैं जो व्यक्ति और संगठन—दोनों को नई ऊँचाइयों तक ले जाता है।

जैसे जाम्बवान की दृष्टि ने हनुमान को असंभव को संभव करने की शक्ति दी, वैसे ही आज के नेता भी अपनी टीम को उन शिखरों तक पहुँचा सकते हैं, जिनकी उन्होंने कभी कल्पना भी नहीं की होती।

क्योंकि अंततः नेतृत्व केवल रणनीति, साहस या संसाधनों के बारे में नहीं है— यह दूसरों को उनकी पूर्ण क्षमता तक पहुँचाने की प्रक्रिया है। और जब वह क्षमता जागृत हो जाती है, तब किसी भी टीम की उपलब्धियों की कोई सीमा नहीं रहती।

समकालीन परिप्रेक्ष्य

1. **एम. एस. धोनी** ने रोहित शर्मा को ओपनर के रूप में पुनः स्थापित किया, यह समझते हुए कि उनमें प्रतिभा थी, लेकिन वह सही भूमिका में नहीं थी। धोनी ने रोहित की शुरुआती असफलताओं की जिम्मेदारी स्वयं ली, उन्हें मजबूत समर्थन दिया और स्पष्ट दिशा प्रदान की—जिससे रोहित की महानता का मार्ग प्रशस्त हुआ। यहाँ धोनी ने जाम्बवान की तरह भूमिका निभाते हुए उनकी क्षमता को सही दिशा दी और उनके आत्मविश्वास को जागृत किया।

2. बास्केटबॉल में **माइकल जॉर्डन और कोबी ब्रायंट** केवल अपनी कौशल के कारण ही नहीं, बल्कि अपने नेतृत्व के कारण भी महान बने। उनके मार्गदर्शक कोच फिल जैक्सन थे, जो व्यक्तिगत क्षमताओं को निखारने के लिए प्रसिद्ध थे। जॉर्डन में उन्होंने ऐसे नेता को पहचाना, जिसकी उपस्थिति पूरी टीम के भावनात्मक वातावरण को आकार देती थी—इसी समझ ने शिकागो बुल्स को छह एनबीए खिताब दिलाए। जैक्सन की विशेषता थी—संभावना को देखना और उसे महानता में बदलना। जैसे जाम्बवान ने हनुमान की छिपी क्षमता को जागृत किया, वैसे ही जैक्सन ने अपने खिलाड़ियों के भीतर नेतृत्व को उजागर किया।

3. **जैक वेल्च** जनरल इलेक्ट्रिक में प्रतिभा को गहराई से पहचानने के लिए प्रसिद्ध थे। उन्होंने क्रोटनविल नामक नेतृत्व केंद्र स्थापित किया, जहाँ प्रबंधकों को उनकी क्षमता का एहसास कराया जाता था। उनके मार्गदर्शन से कई लोग आगे चलकर फॉर्च्यून 500 कंपनियों के मुख्य कार्यकारी अधिकारी बने—यह उनकी उस क्षमता का परिणाम था जिसमें वे दूसरों से पहले ही शक्ति को देख लेते थे।

4. **रिचर्ड ब्रैनसन** ने बार-बार युवा और अनुभवहीन लोगों को नेतृत्व की भूमिकाएँ दीं, और उनके रिज़्यूमे से अधिक उनके जुनून पर भरोसा किया। उनका प्रसिद्ध कथन है—"लोगों को इतना प्रशिक्षित करो कि वे कहीं भी जा सकें, और इतना

अच्छा व्यवहार करो कि वे जाना न चाहें।" उनके इसी विश्वास से वर्जिन समूह के कई व्यवसाय ऐसे लोगों द्वारा बनाए गए जिन्हें उन्होंने समय से पहले नेतृत्व में अवसर दिया।

मुख्य निष्कर्ष

1. छिपी हुई क्षमता की पहचान

जब व्यक्ति अपनी क्षमताओं पर संदेह करते हैं, तब एक दूरदर्शी नेता उनकी अंतर्निहित प्रतिभा को पहचान सकता है और आत्मविश्वास जगाकर ऐसे असाधारण परिणाम प्राप्त कर सकता है जो पूरे मिशन के लिए लाभकारी हों।

2. सशक्तिकरण प्रदर्शन को प्रेरित करता है

हनुमान की समुद्र पार छलांग केवल इसलिए संभव हो सकी क्योंकि जाम्बवान ने उन्हें प्रोत्साहन और दृष्टिकोण देकर सशक्त बनाया। नेतृत्व का अर्थ ऐसी परिस्थितियाँ बनाना है जहाँ टीम के सदस्य अपनी सीमाओं से परे जाकर कार्य करने के लिए सक्षम, प्रेरित और समर्थ महसूस करें।

3.मार्गदर्शन परिणामों को आकार देता है

प्रभावी नेता अपनी टीम का मार्गदर्शन करते हैं, उन्हें ज्ञान और भावनात्मक सहयोग दोनों प्रदान करते हैं, जिससे महत्वपूर्ण कार्यों के परिणाम निर्धारित होते हैं। जो नेता मार्गदर्शन में निवेश करते हैं, वे दीर्घकालिक प्रभाव उत्पन्न करते हैं, विकास को बढ़ावा देते हैं और सामूहिक क्षमता को अधिकतम करते हैं।

4. सामूहिक सफलता, व्यक्तिगत प्रयास से कहीं अधिक महत्वपूर्ण होती है

सीता की खोज का मिशन केवल हनुमान के कारण सफल नहीं हुआ, बल्कि इसलिए हुआ क्योंकि नेतृत्व ने प्रत्येक सदस्य की क्षमताओं को पहचाना और उनका समुचित उपयोग किया। नेतृत्व तब सबसे प्रभावी होता है जब वह केवल व्यक्तिगत वीरता पर नहीं, बल्कि सामूहिक क्षमता के उपयोग पर आधारित होता है।

अध्याय 12

उचित प्रक्रिया के बाद दोष सिद्ध हो जाने पर अपराधियों को बख्शा नहीं जाना चाहिए

गृहीतश्चैव पृष्टश्च काले दृष्टस्सकारणः।
कच्चिन्न मुच्यते चोरो धनलोभान्नरर्षभ ॥2.100.57 ॥

हे श्रेष्ठ पुरुष, मैं यह विश्वास करता हूँ कि जो चोर रंगे हाथ पकड़ा गया हो, जिसकी ठीक से पूछताछ हुई हो और जिसके विरुद्ध पर्याप्त प्रमाण हों—क्या वह धन के लोभ में छोड़ दिया जाता है?

यह शिक्षा श्री राम ने भरत को उस समय दी थी जब भरत उन्हें वन में जाकर अयोध्या लौटने के लिए आग्रह करने पहुँचे थे। अपनी प्रज्ञा के साथ श्री राम ने यह स्पष्ट किया कि बाहरी दबाव—चाहे वह पद हो, धन हो या प्रभाव—कभी भी किसी सिद्ध अपराधी को उत्तरदायित्व से बचने का अवसर नहीं देना चाहिए। यह श्लोक न्याय और दंड व्यवस्था के संदर्भ में यह स्पष्ट करता है कि जब अपराध सिद्ध हो जाए और सभी प्रक्रिया पूरी हो चुकी हो, तो लोभ या पक्षपात के कारण अपराधी को मुक्त नहीं किया जाना चाहिए। यह सिद्धांत समाज में विश्वास को बनाए रखता है, संभावित अपराधों को रोकता है और नेतृत्व की नैतिक शक्ति को सुदृढ़ करता है।

आज के संगठनात्मक या सरकारी संदर्भ में भी यह शिक्षा उतनी ही महत्वपूर्ण है। जब उचित जांच प्रक्रिया के माध्यम से किसी कदाचार—जैसे धोखाधड़ी, नैतिक उल्लंघन या नीति भंग—की पुष्टि हो जाती है, तो नेतृत्व की जिम्मेदारी है कि वह निष्पक्ष और उचित परिणाम सुनिश्चित करे। प्रभावशाली या विशेष संबंध रखने वाले व्यक्तियों के लिए परिणामों को अनदेखा करना या हल्का करना विश्वास को कमजोर

करता है, मनोबल गिराता है और संगठनात्मक संस्कृति को दीर्घकाल में नुकसान पहुँचाता है।

संस्थाएँ एक दिन में नष्ट नहीं होतीं। वे धीरे-धीरे छोटे-छोटे समझौतों से कमजोर होती हैं—किसी श्रेष्ठ प्रदर्शनकर्ता के लिए एक अपवाद, किसी प्रभावशाली विक्रेता के लिए एक मौन छूट, या स्पष्ट दोष सिद्ध होने पर भी "छोड़ देना"। श्री राम की यह शिक्षा हमें स्पष्ट रूप से चेतावनी देती है—तथ्य खोजते समय निष्पक्ष रहो और तथ्य स्थापित हो जाने के बाद दृढ़ रहो।

समकालीन परिप्रेक्ष्य

1. **सत्यम् (2009) – जब सत्य डगमगाया, तब शासन व्यवस्था अडिग रही।** यह खुलासा एक मानसूनी तूफान की तरह आया—अध्यक्ष का स्वीकारोक्ति, कल्पना से विकृत बैलेंस शीट, और स्तब्ध बाजार। उस धुंध में दो मार्ग सामने थे—या तो प्रभाव और भय को घटनाओं को नियंत्रित करने दिया जाए, या फिर प्रक्रिया और सिद्धांत को नेतृत्व W दिया जाए। नेतृत्व ने दूसरा मार्ग चुना। एक नया बोर्ड गठित किया गया। स्वतंत्र निगरानी ने कार्यभार संभाला। जांच प्रक्रिया अपने निष्कर्ष तक पहुँची। नेतृत्व बदला गया और दंडात्मक कार्रवाई हुई। अंततः एक स्थिर अधिग्रहण ने कंपनी को वैधानिक दिशा में आगे बढ़ाया। कॉर्पोरेट भारत के लिए संदेश स्पष्ट था—संस्था और हितधारकों की रक्षा करो, न कि गलत आचरण की। पहले निष्पक्षता, फिर दृढ़ता।

2. अटलांटिक के पार, एक प्रतिष्ठित वॉल स्ट्रीट फर्म एक अलग संकट से जूझ रही थी। एक प्रमुख ट्रेडर ने अमेरिकी ट्रेजरी नीलामी में नियमों का उल्लंघन किया था। तथ्य सामने आए और नियामक एजेंसियाँ सक्रिय हुईं। फर्म का भविष्य संकट में था। तभी वॉरेन बफेट अंतरिम अध्यक्ष के रूप में आगे आए। उन्होंने गवाही दी, पूर्ण सहयोग का आश्वासन दिया और जिम्मेदार लोगों को हटाया। उन्होंने प्रबंधकों को एक ऐसा संदेश दिया जो इस घटना से आगे भी जीवित रहा—"हम धन खोने का जोखिम उठा सकते हैं, लेकिन प्रतिष्ठा की एक रेखा भी नहीं।" एक ऐसी दुनिया में जहाँ व्यक्तिगत सफलता चमकती है, उन्होंने ईमानदारी की धीमी लेकिन स्थायी शक्ति को चुना। जब तथ्य स्पष्ट हो गए, तब न तो प्रदर्शन, न पद, और न ही पुरानी प्रतिष्ठा किसी को बचा सकी। प्रक्रिया ने सत्य स्थापित किया और नेतृत्व ने परिणाम सुनिश्चित किए।

मुख्य निष्कर्ष

1. न्याय साक्ष्य पर आधारित होना चाहिए

जब निर्णय पक्षपात या प्रभाव से प्रेरित होते हैं, तो उनकी विश्वसनीयता समाप्त हो जाती है। साक्ष्य पर आधारित न्याय विश्वास और नैतिक अधिकार को सुदृढ़ करता है। व्यक्तिगत संबंध, धन या पद किसी भी दोषी को संरक्षण नहीं दे सकते। एक नेता की सत्यनिष्ठा निष्पक्ष निर्णय पर निर्भर करती है।

2. उत्तरदायित्व अनिवार्य है

जब गलत आचरण को सहन किया जाता है, तो वह न केवल सत्ता को कमजोर करता है, बल्कि समाज की नींव को भी हिला देता है। श्री राम की यह शिक्षा स्पष्ट करती है कि चाहे व्यक्ति कितना भी कुशल या वरिष्ठ क्यों न हो, यदि वह सामूहिक हित को क्षति पहुँचाता है, तो उसे परिणाम भुगतने ही होंगे। उत्तरदायित्व शासन की दीर्घकालिक स्थिरता की रक्षा करता है। जानबूझकर अनदेखी करना अनुशासन और मनोबल दोनों को कमजोर करता है।

3. निष्पक्षता विश्वास को बनाए रखती है

असमान न्याय नेतृत्व में विश्वास को कमजोर करता है। जब दंड अपराध के अनुरूप होते हैं, तब लोग शासन व्यवस्था पर भरोसा करते हैं। पारदर्शिता और निष्पक्षता से ही विश्वास उत्पन्न होता है। जो नेता समान रूप से न्याय लागू करते हैं, वे एकता को मजबूत करते हैं। निष्पक्षता ही समाज को जोड़कर रखने वाला आधार है।

4. नेतृत्व व्यक्तिगत पूर्वाग्रहों से परे होता है

सशक्त शासन के लिए व्यक्तिगत भावनाओं और पक्षपात से दूरी आवश्यक है। श्री राम की यह सीख दर्शाती है कि निर्णय सदैव सामूहिक हित में होने चाहिए, न कि निजी हितों में। नेता की भूमिका है—पूर्वाग्रह से ऊपर उठकर सिद्धांतों का पालन करना। पूर्वानुमेय निष्पक्षता स्थिरता और सम्मान उत्पन्न करती है। जब निर्णय पक्षपात से प्रभावित होते हैं, तब न्याय कमजोर पड़ता है। और जब हर निर्णय निष्पक्षता से निर्देशित होता है, तब नेतृत्व वास्तव में उज्ज्वल होता है।

अध्याय 13

प्रभावी नेता सदैव समय के पाबंद, सुसज्जित वेशभूषा में रहते हैं, और अपने कर्मचारियों के लिए उपलब्ध होते हैं

कच्चिद् दर्शयसे नित्यं मनुष्याणां विभूषितम्।
उत्थायोत्थाय पूर्वाह्ने राजपुत्र महापथे ॥ 2.100.51 ॥

हे राजपुत्र, मैं यह विश्वास करता हूँ कि तुम प्रतिदिन प्रातः काल उठकर सुसज्जित होकर मुख्य मार्ग पर लोगों के समक्ष स्वयं को प्रस्तुत करते हो।

प्रातःकाल उठना श्री राम की दृष्टि में केवल व्यक्तिगत अनुशासन नहीं, बल्कि एक मौन प्रतिबद्धता का संकेत है। यह दर्शाता है कि नेता अपने कंधों पर रखे गए पवित्र दायित्व का सम्मान करता है—जहाँ न कोई क्षण व्यर्थ जाता है और न ही कोई जिम्मेदारी टाली जाती है। इस प्राचीन दृष्टिकोण में समयनिष्ठा केवल समय के प्रति नहीं, बल्कि अपने लोगों और अपने उद्देश्य के प्रति ईमानदारी का माप बन जाती है। जब कोई नेता दूसरों से पहले दिन की शुरुआत करता है, तो वह पूरे समाज के लिए एक अनुशासित, गंभीर और समर्पित लय स्थापित करता है।

इसी प्रकार, श्री राम द्वारा रूप-सज्जा और प्रस्तुतिकरण पर दिया गया जोर भी उतना ही महत्वपूर्ण है। राजकीय व्यवस्था में व्यक्ति का आचरण और उसका बाहरी स्वरूप नेतृत्व से अलग नहीं माना जाता। स्वच्छता और सुव्यवस्थित वेशभूषा केवल बाहरी बातें नहीं, बल्कि आंतरिक अनुशासन और अपने दायित्व के प्रति सम्मान का प्रतिबिंब हैं।

समकालीन परिप्रेक्ष्य

1. बड़े मैचों से पहले टीम के साथी एम. एस. धोनी पर भरोसा कर सकते थे कि वे समय से पहले, शांत और पूरी तैयारी के साथ मौजूद रहेंगे। टीम की बैठकें समय पर शुरू होती थीं; भूमिकाएँ बिना किसी अनावश्यक तनाव के स्पष्ट की जाती थीं; और युवा खिलाड़ियों को पहले बोलने के लिए प्रोत्साहित किया जाता था। तनावपूर्ण क्षणों में भी वे मैदान पर संयमित और स्पष्ट रूप से उपस्थित रहते थे, जिससे वे त्वरित निर्णयों और समायोजन के लिए सहज रूप से सुलभ बने रहते थे।

2. Toyota में नेता "जेनची जेनबुत्सु" (यानी "जाओ और स्वयं देखो") की पद्धति का पालन करते हैं। वहाँ नेतृत्व निर्धारित समय पर कार्यस्थल का निरीक्षण करता है। वे समयनिष्ठ होकर पहुँचते हैं, विनम्रता के साथ स्थिति का अवलोकन करते हैं और वास्तविक समय में बाधाओं को दूर करते हैं। उनका परिधान व्यावहारिक और सुव्यवस्थित होता है, जो सुरक्षा और मानकों के प्रति सम्मान को दर्शाता है।

3. नरेंद्र मोदी ने यह जोर दिया है कि मंत्री समय पर कार्यालय पहुँचें, जिससे अनुशासन और संस्थागत सम्मान का संदेश मिलता है। वे नियमित सार्वजनिक मंचों—"मन की बात" (मासिक रेडियो संबोधन) और "परीक्षा पे चर्चा" (छात्रों, शिक्षकों और अभिभावकों के साथ वार्षिक संवाद)—के माध्यम से नेतृत्व को निरंतर और सुलभ बनाए रखते हैं। इन आदतों ने उनके पेशेवर नेतृत्व-छवि को सुदृढ़ किया है और नागरिकों के लिए पहुंच को व्यवस्थित किया है।

मुख्य निष्कर्ष

1. नेता समयनिष्ठता को महत्व देते हैं

समय का अनुशासन जिम्मेदारी का प्रतीक होता है। श्री राम की शिक्षाओं में प्रातःकाल जागना और समय पर कर्तव्यों का पालन करना अनुशासन, सम्मान और व्यवस्था से जोड़ा गया है। जो नेता समय का पालन करते हैं, वे अपनी टीम के लिए उत्तरदायित्व का उदाहरण प्रस्तुत करते हैं। समयबद्धता गंभीरता का संकेत देती है और संगठन में एक लय स्थापित करती है। जब नेता समय का सम्मान करते हैं, तो उत्पादकता स्वाभाविक रूप से बढ़ती है। समयनिष्ठता एक ऐसा मानक बनाती है जो पूरे संगठनात्मक ढांचे में फैल जाता है।

2. नेता अपने व्यक्तित्व और प्रस्तुति को महत्व देते हैं

बाहरी रूप-रंग भी मौन रूप से नेतृत्व का प्रभाव दर्शाता है। श्री राम ने स्वच्छता और सुव्यवस्थित प्रस्तुति को अनुशासन और कर्तव्यनिष्ठा का प्रतिबिंब माना है। अनुयायी अपने शीर्ष नेतृत्व के व्यवहार का अनुकरण करते हैं। उपस्थिति और प्रस्तुति पर ध्यान देने से विश्वास, प्रभाव और संगठन की संस्कृति मजबूत होती है।

3. अनुशासन संगठनात्मक संस्कृति को आकार देता है

शीर्ष स्तर की आदतें नीचे के व्यवहार को निर्धारित करती हैं। रामायण यह दर्शाता है कि व्यक्तिगत अनुशासन—जैसे समयनिष्ठता, प्रस्तुति और सुलभता—ही संगठनात्मक संस्कृति की नींव रखते हैं। जब नेता स्वयं उदाहरण प्रस्तुत करते हैं, तो मानक स्वतः ऊँचे हो जाते हैं। अंततः, संगठन की संस्कृति नेतृत्व के अनुशासन का ही प्रतिबिंब होती है।

अध्याय 14

नेतृत्वकर्ता सदैव प्रतिभा की पहचान शीघ्र कर लेते हैं

नूनं व्याकरणं कृत्स्नमनेन बहुधा श्रुतम्।
बहु व्याहृतमनेन न किञ्चिदपशब्दितम् ॥ 3.3.29 ॥

निश्चय ही इस व्यक्ति ने सम्पूर्ण व्याकरण का भली-भाँति अध्ययन किया है, क्योंकि इसके द्वारा कही गई बातों में कहीं भी कोई अशुद्ध शब्द या त्रुटि नहीं है।

जब श्री राम और लक्ष्मण सीता की खोज करते हुए ऋष्यमूक पर्वत पहुँचे, वहाँ निर्वासित वानर-राज सुग्रीव निवास कर रहे थे। सुग्रीव को उनके उद्देश्य पर संदेह हुआ, इसलिए उन्होंने अपने विश्वस्त मंत्री हनुमान को उनकी जाँच के लिए भेजा।

ब्राह्मण का वेश धारण किए हुए हनुमान श्री राम और लक्ष्मण के पास पहुँचे और अत्यंत स्पष्टता, विनम्रता और ज्ञान से युक्त संवाद प्रारंभ किया। उनकी वाक्पटुता, शिष्ट आचरण और गहरी समझ से श्री राम तुरंत प्रभावित हुए। उन्होंने लक्ष्मण से कहा कि जिसके पास ऐसा बुद्धिमान और सक्षम मंत्री हो, उसका कार्य कभी असफल नहीं हो सकता।

यह क्षण निर्णायक सिद्ध हुआ—एक ओर श्री राम को सुग्रीव के रूप में शक्तिशाली सहयोगी मिला, और दूसरी ओर उन्होंने हनुमान की असाधारण प्रतिभा को पहचान लिया, जो आगे चलकर उनके सबसे समर्पित और सक्षम सहयोगी बने। श्री राम की यह क्षमता कि वे एक ही भेंट में प्रतिभा को पहचान सके, नेतृत्व की उस विशेषता को दर्शाती है जिसमें योग्य लोगों की शीघ्र पहचान की जाती है।

समकालीन परिप्रेक्ष्य

वॉरेन बफेट ने अजीत जैन में दबाव की परिस्थितियों में जोखिम को समझने की दुर्लभ स्पष्टता और संतुलित स्वभाव को पहचाना। दशकों बाद, जैन ने बर्कशायर हैथवे के बीमा व्यवसाय का नेतृत्व संभाला और उसे अत्यंत सफल स्तंभ बना दिया।

जेफ बेजोस ने एंडी जैसी को उस प्रमुख व्यक्ति के रूप में पहचाना जो अमेज़न वेब सर्विसेज (AWS) का निर्माण कर सकते थे। जो पहले केवल "स्पष्टीकरण देने वाले" के रूप में देखे जाते थे, वही आगे चलकर अमेज़न के सबसे लाभदायक हिस्से के निर्माता बने।

सौरव गांगुली ने हरभजन सिंह में एक कच्ची लेकिन अत्यंत संभावनाशील प्रतिभा देखी। शुरुआती अस्थिरता के बावजूद उन्होंने कठिन समय में उनका समर्थन किया। परिणामस्वरूप, हरभजन ने ऐतिहासिक प्रदर्शन किए और भारतीय क्रिकेट टीम के प्रमुख खिलाड़ियों में स्थान बनाया।

मुख्य निष्कर्ष

1. उत्कृष्ट नेता प्रतिभा को शीघ्र पहचान लेते हैं

श्री राम ने ऋष्यमूक पर्वत पर संक्षिप्त भेंट के दौरान ही हनुमान की असाधारण क्षमता को पहचान लिया। हनुमान की वाक्पटुता, बुद्धिमत्ता और विनम्रता ने श्री राम को तुरंत प्रभावित किया, जिससे एक शक्तिशाली गठबंधन स्थापित हुआ। यह दर्शाता है कि महान नेता किसी व्यक्ति की क्षमता और संभावनाओं को लंबे समय तक निरीक्षण किए बिना भी शीघ्रता से पहचान सकते हैं।

2. सच्ची प्रतिभा पदवी नहीं, गुणों से पहचानी जाती है

हनुमान न तो राजकुमार थे और न ही सेनापति, फिर भी उनकी योग्यता उनके गुणों—वाक्चातुर्य, विवेक और आचरण—से स्पष्ट हुई। श्री राम ने पद या स्थिति से परे देखकर सही लोगों को अपने मिशन से जोड़ा, जिससे यह सिद्ध हुआ कि मूल्य व्यक्ति के गुणों में होता है, पद में नहीं।

3. शीघ्र मूल्यांकन प्रभावी निर्णय-निर्माण को सक्षम बनाता है

श्री राम द्वारा हनुमान की शीघ्र पहचान और विश्वास ने उन्हें अटूट निष्ठा और महत्वपूर्ण सफलताओं तक पहुँचाया। प्रारंभ में ही प्रतिभा की पहचान और उसका पोषण दीर्घकालिक लाभ प्रदान करता है।

4. प्रतिभा को सशक्त करना प्रभाव को बढ़ाता है

एक बार जब श्री राम ने हनुमान को पहचाना, तो उन्होंने उन्हें स्वतंत्र रूप से कार्य करने का अवसर दिया, जिससे उन्होंने असाधारण योगदान दिया, जिसमें सीता की खोज भी शामिल है। जब नेता सक्षम व्यक्तियों पर विश्वास करते हैं और उन्हें सशक्त बनाते हैं, तो टीम की समग्र प्रभावशीलता कई गुना बढ़ जाती है।

अध्याय 15

दूरदृष्टि प्रेरणा देती है। रणनीति राह तय करती है। क्रियान्वयन सफलता दिलाता है

आप्लवन्तः प्लवन्तश्च गर्जन्तश्च प्लवङ्गमाः ॥6.22.75॥
तद् अचिन्त्यम् असह्यं च ह्यद्भुतं रोमहार्षणम्।
ददृशुः सर्वभूतानि सागरे सेतुबन्धनम् ॥6.22.76॥

वानर इधर-उधर कूदते-फाँदते और आनंद से गर्जना करते फिर रहे थे। सभी प्राणियों ने समुद्र में बने उस सेतु को देखा—जो अकल्पनीय, अद्भुत, रोमांच पैदा करने वाला और लगभग असंभव-सा प्रतीत होता था।

जब श्री राम समुद्र के तट पर खड़े होकर सीता की मुक्ति का संकल्प ले चुके थे, तब उन्होंने समुद्र देव वरुण से मार्गदर्शन प्राप्त किया। सलाह अत्यंत व्यावहारिक थी—"असंभव को करने का प्रयास मत करो, एक सेतु का निर्माण करो।"

श्री राम की महानता उनके त्वरित निर्णय में निहित थी। बिना किसी विलंब के उन्होंने इस कार्य की ज़िम्मेदारी वानर शिल्पी नल को सौंप दी। उनके नेतृत्व में वानर सेना ने मात्र पाँच दिनों में 208 किलोमीटर लंबा सेतु निर्मित कर दिया। इस प्रसंग की असली शक्ति केवल दूरदृष्टि में नहीं, बल्कि निर्णायकता और तीव्र क्रियान्वयन में है।

श्री राम का निर्णायक नेतृत्व

- उन्होंने बिना देर किए सलाह को स्वीकार किया।
- तुरंत सही व्यक्ति की पहचान की—नल, जो देव शिल्पी विश्वकर्मा के पुत्र थे।
- श्री राम ने नल को पूर्ण अधिकार देकर वानर सेना को कार्य में जुटा दिया।

क्रियान्वयन का अद्भुत उदाहरण

इसके बाद जो हुआ, वह असाधारण था—

- नल के नेतृत्व में असंख्य वानरों ने चट्टानें, पत्थर और वृक्ष एकत्र किए।
- प्रत्येक सामग्री पर श्री राम का नाम अंकित कर उसे समुद्र में डाला गया, जहाँ वे चमत्कारिक रूप से तैरने लगे।
- अटूट टीमवर्क और उत्कृष्ट समन्वय के बल पर सेना ने एक विशाल सेतु का निर्माण किया—लगभग 208 किलोमीटर लंबा—जो रामेश्वरम् (भारत) से लंका तक फैला हुआ था।
- आश्चर्यजनक रूप से, यह सेतु केवल पाँच दिनों में पूरा कर लिया गया। जो बाधा अजेय प्रतीत होती थी, उसे कर्म, टीमवर्क और नेतृत्व की विजय में बदल दिया गया।
- रणनीति से लेकर कार्य-विभाजन और फिर क्रियान्वयन तक, श्री राम की तीव्र गति और स्पष्ट निर्णय क्षमता ने सुनिश्चित किया कि अभियान बिना किसी विलंब के आगे बढ़ता रहे।

समकालीन परिप्रेक्ष्य

1. भारत का कोविड-19 टीकाकरण दृष्टिकोण बेहद विशाल था—एक अरब से अधिक लोगों को शीघ्र टीका लगाना। लेकिन असली सफलता क्रियान्वयन में थी: रिकॉर्ड समय में वैक्सीन का विकास, CoWIN के माध्यम से डिजिटल एकीकरण, और गाँव-शहर तक फैला वितरण नेटवर्क।

यह उपलब्धि योजना के लिए नहीं, बल्कि उसके त्रुटिहीन क्रियान्वयन के लिए याद की जाती है।

2. बिना किसी जटिल तकनीक के, मुंबई के डब्बावाले आश्चर्यजनक सटीकता के साथ रोज़ लाखों टिफ़िन पहुँचाते हैं।

   उनका रहस्य रणनीति में नहीं, बल्कि अनुशासन, निरंतरता और उत्कृष्ट क्रियान्वयन में है।

3. एलन मस्क का आम जनता के लिए इलेक्ट्रिक कारों का दृष्टिकोण ऑटो उद्योग को तभी बदल पाया, जब उसे निरंतर और दृढ़ता से लागू किया गया—फैक्ट्रियों का विस्तार, चार्जिंग नेटवर्क का निर्माण, और बैटरी में नवाचार।

4. 1961 में केनेडी का दशक के अंत तक चाँद पर मानव उतारने का लक्ष्य 1969 में साकार हुआ। यह केवल भाषण का परिणाम नहीं था, बल्कि वर्षों की इंजीनियरिंग, समन्वय और त्रुटिहीन क्रियान्वयन का फल था, जिसने आर्मस्ट्रॉन्ग को चंद्रमा की सतह तक पहुँचाया।

5. मुकेश अंबानी का डिजिटल भारत का सपना इसलिए सफल हुआ क्योंकि उसका सूक्ष्म और सटीक क्रियान्वयन किया गया—देशभर में फाइबर ऑप्टिक केबल बिछाना, टावर स्थापित करना, और व्यापक स्तर पर लॉन्च करना।

जब तक प्रतिस्पर्धियों को समझ आता, जियो का क्रियान्वयन दूरसंचार बाज़ार को बदल चुका था।

6. दृष्टि: मुंबई को मैंगलोर से जोड़ना, वह भी कठिन पश्चिमी घाटों के बीच।

   क्रियान्वयन: 2,000 पुल, 91 सुरंगें, और संदेह के बावजूद 1998 में रिकॉर्ड समय में पूर्णता।

   आज यह लाखों लोगों की जीवनरेखा है—यह प्रमाण है कि सशक्त क्रियान्वयन प्राकृतिक बाधाओं को भी पराजित कर सकता है।

क्रियान्वयन में मध्य प्रबंधकों का महत्व

मध्य प्रबंधक आधुनिक संगठनों के "नल" हैं—जो दृष्टि को वास्तविकता में बदलते हैं।

उनकी प्रमुख भूमिकाएँ:

सेतु निर्माता: नेतृत्व की रणनीति को टीम के लिए ठोस कार्यों में बदलते हैं।

- जवाबदेही के प्रेरक: जिम्मेदारियाँ, लक्ष्य और समयसीमा स्पष्ट करते हैं।
- गति बनाए रखने वाले: कार्यों की तात्कालिकता बनाए रखते हैं और रुकावटों को रोकते हैं।
- संचार सेतु: रणनीति को नीचे तक पहुँचाते हैं और प्रतिक्रिया ऊपर तक लाते हैं।
- समस्या समाधानकर्ता: बाधाओं का पूर्वानुमान लगाकर व्यावहारिक समाधान देते हैं।

इसलिए, सशक्त और सक्षम मध्य प्रबंधकों के बिना, सबसे उत्कृष्ट रणनीतियाँ भी अधूरे सेतु बनकर रह सकती हैं।

मुख्य निष्कर्ष

1. क्रियान्वयन के बिना दृष्टि अर्थहीन है।

सीता की मुक्ति के लिए श्री राम का मिशन एक लगभग असंभव चुनौती से भरा था—समुद्र को पार करना। केवल प्रार्थनाओं से यह कार्य संभव नहीं था; इसके लिए व्यावहारिक क्रियान्वयन आवश्यक था।

नल को जिम्मेदारी सौंपकर और वानर सेना को संगठित करके, श्री राम ने यह दिखाया कि सबसे दिव्य दृष्टि को भी ठोस और कार्यात्मक कदमों की आवश्यकता होती है।

2. सही लोगों को सशक्त बनाना ही प्रभावी नेतृत्व है।

जब वरुण ने श्री राम को सेतु बनाने की सलाह दी, तब श्री राम ने तुरंत नल की विशिष्ट क्षमता को पहचाना—जो विश्वकर्मा के पुत्र थे। सूक्ष्म प्रबंधन (micromanagement) करने के बजाय, उन्होंने नल को पूरी जिम्मेदारी सौंपी। इस निर्णायक कार्य-विभाजन ने सुनिश्चित किया कि सही कौशल को सही जिम्मेदारी मिले।

3. टीमवर्क बाधाओं को अवसर में बदलता है

राम सेतु का निर्माण किसी एक नायक का कार्य नहीं था, बल्कि हजारों वानरों के सामूहिक प्रयास का परिणाम था।

अनुशासन, समन्वय और अथक परिश्रम के बल पर उन्होंने समुद्र जैसी बाधा को पाँच दिनों में सेतु में बदल दिया।

श्री राम के नेतृत्व ने इस सामूहिक ऊर्जा को एक लक्ष्य की ओर केंद्रित किया।

4. महानता निरंतर क्रिया से आती है।

राम सेतु का निर्माण मात्र पाँच दिनों में पूरा हुआ—यह उपलब्धि तात्कालिकता, समन्वय और निरंतर कार्य का परिणाम थी। श्री राम के नेतृत्व ने इस दिव्य मिशन को केवल प्रतीक्षा से नहीं, बल्कि हर स्तर पर प्रभावी क्रियान्वयन के माध्यम से वास्तविकता में बदल दिया।

अध्याय 16

साहस से परे नेतृत्वः

विचारशील एवं विवेकपूर्ण कार्य की आवश्यकता

असांहृत्य मयाऽसाध्यं तदिदं साहसं कृतम्।
एवं साहसयुक्तानि न कुर्वन्ति जनेश्वराः ॥ 6.41.2 ॥

"तुमने मुझसे परामर्श किए बिना यह असंभव-सा
साहसिक कार्य कर दिया है। ऐसा साहसपूर्ण कार्य
शासक (राजा) इस प्रकार नहीं करते।"

लंका के भीषण युद्ध के बीच एक निर्णायक क्षण पर्वतीय शिखर पर घटित हुआ। वानर राज सुग्रीव, जो श्री राम के परम वीर सहयोगी थे, शत्रु रावण को देखकर क्रोध और साहस से भर उठे। बिना श्री राम या अपने सेनापतियों से परामर्श किए, वे आवेग में युद्ध के लिए कूद पड़े। यह एक ऐसा कार्य था जो साहस से भरा था, परंतु विवेक और विचारशीलता से पूर्णतः रहित था।

इस संघर्ष में सुग्रीव घायल हुए, थक गए और उन्हें अपमान का सामना करना पड़ा, जबकि उन्होंने कोई विशेष उपलब्धि भी प्राप्त नहीं की। जब वे लौटे, तो शांत और संयमित श्री राम ने उनका स्वागत प्रशंसा से नहीं, बल्कि कोमल परंतु स्पष्ट उपदेश के साथ किया। श्री राम ने सुग्रीव—और उनके माध्यम से सभी नेताओं—को यह स्मरण कराया कि केवल उग्र साहस, यदि सोच-विचार और परामर्श से रहित हो, तो वह नेतृत्व नहीं बल्कि अविवेकपूर्ण जोखिम बन जाता है।

सच्चा साहस तैयारी में निहित होता है, और वास्तविक वीरता ज्ञान एवं विवेक से निर्देशित होती है। एक नेता की सबसे बड़ी शक्ति रुककर विचार करना, परामर्श लेना और उसके बाद ही निर्णायक कार्रवाई करना है। इसके अभाव में, सबसे बड़ा साहस भी उस मिशन को ही संकट में डाल सकता है जिसे वह आगे बढ़ाना चाहता है।

रामायण का यह प्राचीन प्रसंग आज भी एक गहन नेतृत्व-सत्य को दर्शाता है—ऊर्जा और साहस अत्यंत शक्तिशाली हैं, लेकिन जब वे विवेकपूर्ण विचार और मार्गदर्शन से संतुलित नहीं होते, तो वे असफलता और बाधाओं का कारण बन सकते हैं।

समकालीन परिप्रेक्ष्य

1. कभी भारत की अवसंरचना महत्वाकांक्षाओं का चमकता प्रतीक रही IL&FS ने हजारों करोड़ रुपये की साहसिक परियोजनाएँ शुरू कीं। परंतु यह विस्तार अत्यंत तेजी से, बिना नियामक संस्थाओं, जोखिम प्रबंधन समितियों और वित्तीय सुरक्षा उपायों से पर्याप्त परामर्श के बिना आगे बढ़ाया गया।

   2018 में अनियंत्रित कर्ज के कारण यह संस्था भीषण संकट में ध्वस्त हो गई, और यह भारत के सबसे बड़े वित्तीय संकटों में से एक बन गया।

   इस घटना से स्पष्ट संदेश मिला—बिना अनुशासित नियंत्रण के महान दृष्टि, और बिना परामर्श के साहस, सबसे शक्तिशाली संस्थानों को भी गिरा सकता है।

2. किंगफिशर एयरलाइंस ने अपने भव्य ब्रांडिंग, विमान बेड़े के तेज़ी से विस्तार और अंतरराष्ट्रीय महत्वाकांक्षाओं से देश को आकर्षित किया। लेकिन इस चमक-दमक के पीछे वित्तीय अनुशासन और उचित परामर्श की गंभीर कमी थी।

   बिना ठोस आधार के किए गए साहसिक वित्तीय निर्णयों ने कंपनी को गहरे संकट में डाल दिया, कर्मचारियों के वेतन रुक गए, और कर्जदाताओं का दबाव बढ़ गया—जिसका अंत एक टाली जा सकने वाली त्रासदी में हुआ।

3. 1812 में नेपोलियन बोनापार्ट ने अपने सैन्य कौशल पर अटूट विश्वास रखते हुए अपनी विशाल सेना (Grande Armée) के साथ रूस पर आक्रमण किया।

   अपने जनरलों की चेतावनियों—कठोर सर्दी और लंबी आपूर्ति श्रृंखला की समस्याओं—को उन्होंने अनसुना कर दिया। परिणामस्वरूप उनकी सेना विनाशकारी रूप से समाप्त हो गई, और उनका साम्राज्य पतन की ओर बढ़ गया। यह घटना दर्शाती है कि बिना परामर्श के किया गया अहंकार-प्रेरित साहस, सबसे बड़े साम्राज्यों को भी नष्ट कर सकता है।

मुख्य निष्कर्ष

1. परामर्श साहस को और प्रभावी बनाता है

सुग्रीव का रावण पर किया गया आवेगपूर्ण आक्रमण योजना से अधिक भावना पर आधारित था। इसके विपरीत, श्री राम का शांत और संयमित नेतृत्व यह दर्शाता है कि सलाहकारों से परामर्श लेना और सामूहिक बुद्धिमत्ता के साथ कार्यों को संरेखित करना परिणामों को अधिक सशक्त बनाता है।

2. कार्रवाई से पहले रुकना ही शक्ति का प्रतीक है

दबाव की परिस्थितियों में स्वयं को रोककर विचार करने की क्षमता ही महान नेताओं को आवेगी व्यक्तियों से अलग करती है। उद्देश्य और रणनीति पर आधारित साहस, अहंकार या जल्दबाजी से प्रेरित कार्यों की तुलना में कहीं अधिक प्रभावशाली होता है।

3. ऊर्जा को दिशा की आवश्यकता होती है

अत्यधिक उत्साह, यदि समन्वय और दिशा से रहित हो, तो वह किसी भी श्रेष्ठ मिशन को भी भटका सकता है।
विचारशील नेतृत्व इसी उत्साह को संतुलित, योजनाबद्ध और समन्वित क्रियान्वयन में परिवर्तित करता है।

अध्याय 17

युवा वर्ग को सशक्त बनाना

नई ऊर्जा गति उत्पन्न करती है।

इत्युक्त्वा स तु तारेयः रामेणाक्लिष्टकर्मणा ।
जगामाकाशमाविश्य मूर्तिमानिव हव्यवाट् ॥ 6.41.74 ॥

श्री राम द्वारा ऐसा कहे जाने पर, तारा का पुत्र अंगद—जो अग्निदेव के समान तेजस्वी और कर्म में कभी थकने वाला नहीं था—आकाश में उड़ गया, मानो स्वयं साक्षात अग्नि ही मूर्त रूप लेकर आकाश में प्रवेश कर रही हो।

लंका के महायुद्ध में जब रावण के विरुद्ध संघर्ष अपने चरम पर पहुँच रहा था, वातावरण तनाव और प्रत्याशा से भर गया था। वानर सेना अपने नेता श्री राम के मार्गदर्शन में निरंतर तैयारी कर रही थी। यह क्षण केवल शक्ति का नहीं, बल्कि ऐसे निर्णायक नेतृत्व का था जो सामान्य सीमाओं से परे जाकर साहस को प्रेरित कर सके।

इसी निर्णायक मोड़ पर श्री राम ने एक ऐसा निर्णय लिया जिसने अनुभवी योद्धाओं को भी चकित कर दिया। उन्होंने हनुमान और जाम्बवान जैसे अनुभवी और भरोसेमंद सेनानायकों को छोड़कर तारा के युवा पुत्र अंगद को इस महत्वपूर्ण अभियान के लिए चुना। कार्य अत्यंत कठिन था—अंगद को तुरंत रावण के दरबार में जाकर अंतिम चेतावनी देनी थी, और यदि उसे अस्वीकार किया जाए, तो वानर सेना की अडिग शक्ति का साहसिक प्रदर्शन करना था।

एक युवा योद्धा के लिए यह मिशन अत्यंत जोखिमपूर्ण था। फिर भी श्री राम का यह चयन अनुभव से अधिक विश्वास पर आधारित था—युवाओं की ऊर्जा और क्षमता पर विश्वास। “अक्लिष्ट-कर्मा” अर्थात निरंतर कर्मशील अंगद युवा शक्ति के प्रतीक थे। अग्निदेव के समान तेजस्वी नेत्रों के साथ वे आकाश में ऐसे उड़ चले मानो स्वयं

अग्निदेव साकार होकर आकाश में प्रवेश कर रहे हों, और वानर सेना की आशा को शत्रु के हृदय तक ले जा रहे हों।

जब युवा प्रतिभा को सशक्त किया जाता है, तो उनकी असीम ऊर्जा शक्ति को कई गुना बढ़ा देती है और प्रगति को तेज कर देती है। युवा पेशेवर तभी खिलते हैं जब उन्हें स्वयं को सिद्ध करने का अवसर मिलता है। यही विश्वास—और सक्षम हाथों में जिम्मेदारी सौंपने की क्षमता—उनकी वास्तविक क्षमता को जागृत करती है। ऊर्जा, जब स्पष्ट दृष्टि के साथ जुड़ती है, तो वह गति पैदा करती है। युवाओं की अग्नि, जब सही दिशा में लगती है, तो संगठन को आगे बढ़ाने वाली अजेय शक्ति बन जाती है।

समकालीन परिप्रेक्ष्य

1. गूगल में, लैरी पेज और सर्गेई ब्रिन जैसे युवा संस्थापकों को कम उम्र में ही स्वतंत्रता और पर्याप्त निवेश पूँजी सौंपी गई। उनकी नई सोच और निरंतर प्रयास ने सूचना तक वैश्विक पहुँच को पूरी तरह बदल दिया, और युवावस्था की ऊर्जा से पूरे उद्योगों का पुनर्निर्माण कर दिया।

2. भारतीय क्रिकेट में, 2007 के T20 विश्व कप के दौरान, एम.एस. धोनी ने अपेक्षाकृत युवा और अनुभवहीन टीम का नेतृत्व करते हुए एक अप्रत्याशित ऐतिहासिक जीत हासिल की। कप्तान का अपने युवा खिलाड़ियों पर विश्वास उनके खेल को स्वतंत्रता प्रदान करता गया, और यही ऊर्जा तथा आत्मविश्वास जीत में परिवर्तित हो गया।

3. फ्लिपकार्ट और ओला जैसी भारतीय स्टार्टअप कंपनियाँ भी साधारण शुरुआत से, छोटे अपार्टमेंट्स में, कॉलेज से अभी-अभी निकले युवा उद्यमियों द्वारा शुरू की गई। जिन निवेशकों ने उनकी साहसिक सोच और गति पर भरोसा किया, उन्होंने अभूतपूर्व विकास के रूप में बड़े लाभ प्राप्त किए—क्योंकि इन कंपनियों ने ऐसे बाज़ार निर्मित किए जहाँ पहले कोई अस्तित्व ही नहीं था।

मुख्य निष्कर्ष

1. युवाओं को जिम्मेदारी सौंपें, वे सफलता का मार्ग रोशन करने वाली अग्नि बन उठते हैं

जिस प्रकार श्री राम ने अंगद को साहस और कूटनीति से भरा एक महत्वपूर्ण मिशन सौंपा, उसी प्रकार युवा मस्तिष्क तब खिलते हैं जब उन्हें सार्थक चुनौतियों पर भरोसा देकर जिम्मेदारी दी जाती है। नेतृत्व का विश्वास ही युवाओं में आत्मविश्वास और दृढ़ निश्चय को प्रज्वलित करता है।

2. युवाओं की उपेक्षा उनकी असीम ऊर्जा का उपयोग करने का अवसर खो देना है

युवा क्षमता को अनदेखा करना टीमों को नवाचार, गति और उस ताज़गी भरे दृष्टिकोण से वंचित करता है जो केवल नई सोच ही ला सकती है।

3. अत्यधिक सूक्ष्म प्रबंधन युवाओं की प्रतिभा को दबा देता है

अत्यधिक नियंत्रण जिज्ञासा और साहस को समाप्त कर देता है। सच्चा मार्गदर्शन प्रतिबंध नहीं, बल्कि दिशा देना है—ताकि उभरती प्रतिभा अपनी लय और आत्मविश्वास स्वयं विकसित कर सके।

4. नई प्रतिभा को सशक्त बनाना वास्तविक परिवर्तन को जन्म देता है

जब दृष्टि और युवाओं की ऊर्जा साथ आती है, तो वह ऐसी गति उत्पन्न करती है जो उद्योगों को पुनर्परिभाषित कर सकती है—जैसा कि स्टार्टअप्स, खेल और विज्ञान में बार-बार देखा गया है।

अध्याय 18

सर्व मतों का सम्मान, सर्वोत्कृष्ट मार्ग का चयन

सहृदामर्थकृच्छ्रेषु युक्तं बुद्धिमतां सदा।
समर्थेनोपदेष्टुं शाश्वतीं तु इच्छता ॥ 6.17.33 ॥

कल्याण की इच्छा रखने वाले व्यक्ति के लिए यह सदैव उचित है कि वह अपने हित से जुड़े कठिन और महत्वपूर्ण विषयों पर अपने निकटस्थ, हितैषी और बुद्धिमान लोगों से परामर्श ले। विशेष रूप से जब कोई व्यक्ति स्वयं कठिन परिस्थिति में हो, तब उसे सक्षम और विवेकशील व्यक्तियों से मार्गदर्शन प्राप्त करना चाहिए।

लंका के विरुद्ध युद्ध अपने निर्णायक चरण के निकट पहुँच रहा था। युद्ध की तैयारियों के बीच अचानक एक घटना ने श्री राम के शिविर को झकझोर दिया।

रावण के ही अनुज विभीषण लंका छोड़कर श्री राम की शरण में आए थे। सत्य बोलने और अपने राजा को धर्म के मार्ग पर चलने की सलाह देने के कारण उनका अपमान किया गया था, और अब वे आश्रय की खोज में श्री राम के पास पहुँचे थे।

परंतु प्रश्न यह था—क्या शत्रु के भाई पर विश्वास किया जा सकता है? इस प्रश्न ने पूरे शिविर में मतभेद उत्पन्न कर दिया।

वानर राज सुग्रीव संशय में थे। उनका मत था कि विभीषण संभवतः एक गुप्तचर हो सकते हैं—एक शत्रु जो मित्र के रूप में आया हो। लक्ष्मण, सदैव रक्षक भाव से, अत्यंत सतर्क थे और किसी भी जोखिम को लेने के पक्ष में नहीं थे। वहीं हनुमान अलग दृष्टिकोण रखते थे—उन्होंने विभीषण की आँखों में सत्य देखा और उनके आचरण में निष्ठा को पहचाना। उनका मत स्पष्ट था—उन्हें स्वीकार किया जाए।

इसके बाद तीव्र विचार-विमर्श हुआ। प्रत्येक मत, प्रत्येक शंका और प्रत्येक संभावना को विस्तार से सुना गया। श्री राम ने धैर्यपूर्वक सभी को सुना। निर्णय न तो अधिकार से प्रभावित था और न ही पद से। उन्होंने प्रत्येक तर्क के सार को परखा।

- विभीषण ने रक्त संबंधों से ऊपर उठकर धर्म का मार्ग चुना था।
- लंका की रणनीतियों का उनका ज्ञान अत्यंत मूल्यवान था।
- हनुमान द्वारा उनकी निष्ठा का आकलन भी विश्वसनीय था।

धर्म और व्यावहारिकता—दोनों से प्रेरित होकर श्री राम ने निर्णय लिया। उन्होंने विभीषण को खुले हृदय से स्वीकार किया और कहा कि जो भी सत्य और ईमानदारी के साथ शरण में आता है, उसे स्थान अवश्य मिलना चाहिए। यह निर्णय युद्ध की दिशा को ही बदल देने वाला सिद्ध हुआ।

समकालीन परिप्रेक्ष्य

1. 1971 भारत–पाक युद्ध:

जब भारत एक निर्णायक मोड़ पर खड़ा था, तब तात्कालिकता तत्काल कार्रवाई की मांग कर रही थी। परंतु फील्ड मार्शल मानेकशॉ ने धैर्य और रणनीति की सलाह दी—सर्दियों तक प्रतीक्षा करो और पूर्ण तैयारी के साथ आक्रमण करो।

प्रधानमंत्री इंदिरा गांधी ने सभी पक्षों की बात सुनी और पेशेवर सलाह पर भरोसा जताया। परिणामस्वरूप एक तेज़ और निर्णायक विजय प्राप्त हुई तथा बांग्लादेश का जन्म हुआ।

2. बॉर्डर–गावस्कर ट्रॉफी, 2020–21

एडिलेड की हार के बाद अजिंक्य रहाणे के सामने मनोबल टूट चुका था। उन्होंने पूरी टीम—वरिष्ठ, युवा खिलाड़ी और सपोर्ट स्टाफ—को एक साथ जोड़ा। निर्णय वरिष्ठता के आधार पर नहीं, बल्कि योग्यता के आधार पर लिए गए: गिल, सिराज, पंत, सुंदर, जडेजा और नटराजन।

परिणामस्वरूप गाबा का किला टूट गया और पूरी श्रृंखला का रुख बदल गया।

3. अमेज़न और AWS की कहानी

2003 में दो इंजीनियरों ने सुझाव दिया कि IT इंफ्रास्ट्रक्चर को किराए की सेवा के रूप में बदला जा सकता है। यह विचार शीर्ष नेतृत्व से नहीं, बल्कि तकनीकी स्तर से आया था।

नेताओं ने पदानुक्रम के बजाय योग्यता को प्राथमिकता दी। 2006 में अमेज़न ने S3 और EC2 लॉन्च किए, जिससे क्लाउड कंप्यूटिंग उद्योग की शुरुआत हुई।

विभिन्न स्तरों पर सुनने की क्षमता ने एक तकनीकी क्रांति को जन्म दिया।

मुख्य निष्कर्ष

1. सुनना सहमति और नए दृष्टिकोण उत्पन्न करता है

श्री राम ने जब विभाजित शिविर में धैर्यपूर्वक सभी की बात सुनी, तो संशय धीरे-धीरे साझा उद्देश्य में बदल गया। प्रत्येक तर्क को गंभीरता से तौलकर उन्होंने संदेह को आगे बढ़ने के नए मार्गों में परिवर्तित कर दिया।

2. सम्मानपूर्ण बहस बेहतर निर्णयों को जन्म देती है

एक खुली और जीवंत चर्चा में सभी दृष्टिकोणों को स्थान दिया गया—किसी भी मत को नकारा नहीं गया। इस सम्मानपूर्ण प्रक्रिया ने बेहतर तथ्यों को उजागर किया और समूह के भीतर स्थायी विश्वास का निर्माण किया।

3. योग्यता और नैतिकता, पदानुक्रम से ऊपर होते हैं

विभीषण को स्वीकार करने का निर्णय पद या निष्ठा पर नहीं, बल्कि सत्य और नैतिकता पर आधारित था। वरिष्ठता से अधिक मूल्यों और योग्यता को प्राथमिकता देने ने सभी को ईमानदारी से कार्य करने की प्रेरणा दी।

4. समावेशी परामर्श छिपी हुई क्षमताओं को उजागर करता है

विविध सदस्यों से ईमानदार सुझाव लेकर श्री राम ने महत्वपूर्ण ज्ञान और क्षमताओं की खोज की। ऐसा समावेशी नेतृत्व उन संसाधनों को सामने लाता है जो सफलता के लिए निर्णायक हो सकते हैं।

अध्याय 19

प्रभावी नेतृत्व बाहरी संसाधनों की तलाश से पहले संगठन के भीतर की प्रतिभा को पहचानकर उसे सशक्त करता है

नलश्चक्रे महासेतुं मध्ये नदीनदीपतेः।
स तदा क्रियते सेतुर्वानरैर्घोरकर्मभिः॥ 6.22.61 ॥

नल ने समुद्र के बीचों-बीच विशाल सेतु का निर्माण प्रारम्भ किया,
और वह सेतु उस समय अत्यंत पराक्रमी और कठिन कार्य
करने वाले वानरों द्वारा बनाया जाने लगा।

जब श्री राम सीता को बचाने के लिए विशाल समुद्र को पार करने की तैयारी कर रहे थे, तब उनके सामने एक अत्यंत कठिन चुनौती थी। समुद्र के ऊपर सेतु का निर्माण—जो आकार में विशाल और संरचना में जटिल था—लगभग असंभव प्रतीत हो रहा था। लेकिन दूर-दराज़ से सहायता या बाहरी विशेषज्ञों की खोज करने के बजाय, श्री राम ने सबसे पहले अपने ही दल की क्षमताओं की ओर ध्यान दिया। इस सोच-समझकर लिए गए निर्णय से वानर भाइयों नल और नील की असाधारण प्रतिभा सामने आई, जो कुशल अभियंता और वास्तुकार थे।

श्री राम ने नल और नील को श्री राम सेतु के निर्माण की योजना बनाने, उसकी रूपरेखा तैयार करने और उसे साकार करने की महत्वपूर्ण जिम्मेदारी सौंपी। यह केवल कार्य सौंपना भर नहीं था, बल्कि श्री राम ने उन्हें पूर्ण रूप से सशक्त भी किया—उन्हें आवश्यक अधिकार, संसाधन और अटूट समर्थन प्रदान किया, जिससे वे अपने लक्ष्य को सफलतापूर्वक पूरा कर सकें। परिणाम अत्यंत अद्भुत था: लगभग

208 किलोमीटर लंबा सेतु केवल पाँच दिनों में तैयार हो गया। यही सेतु सेना के लिए लंका तक सुरक्षित पहुँचने का मार्ग बना और सीता की मुक्ति का मार्ग प्रशस्त हुआ।

रामायण का यह प्रसंग एक गहरा नेतृत्व संदेश देता है: असाधारण उपलब्धियाँ प्रायः किसी एक व्यक्ति के प्रयास का परिणाम नहीं होतीं। सच्चा नेतृत्व अपनी टीम के भीतर मौजूद क्षमताओं को पहचानने, उन्हें सशक्त बनाने और उनका समुचित समन्वय करने में निहित होता है। श्री राम का यह दृष्टिकोण एक कालातीत सिद्धांत को रेखांकित करता है—बाहर देखने से पहले एक नेता को अपने भीतर की प्रतिभा को पहचानना और उसे विकसित करना चाहिए।

समकालीन परिप्रेक्ष्य

1. नासा अपोलो 11 मिशन:

1961 में राष्ट्रपति जॉन एफ. कैनेडी ने एक महत्वाकांक्षी लक्ष्य रखा: दशक के अंत से पहले मनुष्य को चंद्रमा पर उतारना और सुरक्षित वापस लाना। नासा को अभूतपूर्व दबाव और जटिलता का सामना करना पड़ा। स्पष्ट मार्गदर्शिका के बिना, एजेंसी ने अपने ही आंतरिक प्रतिभा पर भरोसा करने और उसे आगे बढ़ाने का निर्णय लिया। अंतरिक्ष यात्री नील आर्मस्ट्रांग, बज़ एल्ड्रिन और माइकल कॉलिन्स को बाहरी लोगों के रूप में नहीं, बल्कि वर्षों के प्रशिक्षण और अनुभव वाले विशेषज्ञों के रूप में चुना गया। मिशन कंट्रोल में भी ऐसे इंजीनियर थे जो नासा के शुरुआती कार्यक्रमों से विकसित हुए थे, जिनका नेतृत्व जीन क्रांज जैसे अंदरूनी लोग कर रहे थे। एक-दूसरे पर गहरा भरोसा और अनुभव उस समय बेहद महत्वपूर्ण साबित हुआ जब चंद्रमा लैंडिंग के दौरान अप्रत्याशित चुनौतियाँ सामने आई। यह मिशन आंतरिक विकास और सशक्तिकरण का एक प्रमाण था।

2. जनरल इलेक्ट्रिक (GE) लीडरशिप पाइपलाइन:

GE अपनी सख्त आंतरिक नेतृत्व विकास प्रणाली के लिए प्रसिद्ध हुआ। क्रोटनविल लीडरशिप इंस्टीट्यूट ने प्रबंधकों को सीईओ बनने तक विकसित किया, जिनमें जैक वेल्च और जेफ्री इम्मेल्ट जैसे नेता शामिल थे। GE ने बाहरी नियुक्तियों पर निर्भर होने के बजाय अपने ही लोगों को तैयार करने पर जोर दिया, जिससे एक मजबूत और संगठित नेतृत्व प्रणाली बनी।

3. प्रॉक्टर एंड गैम्बल (P&G) – "सीईओ फैक्ट्री":

P&G की संस्कृति ने प्रारंभिक स्तर से ही नेताओं को आगे बढ़ाने पर जोर दिया। ए.जी. लैफली और डेविड टेलर जैसे सीईओ इस दृष्टिकोण के उदाहरण

हैं, जिसमें कंपनी अपने ही कर्मचारियों पर भरोसा करती है और उनमें निवेश करती है। P&G से निकले कई पूर्व कर्मचारी आगे चलकर कोका-कोला, माइक्रोसॉफ्ट और एचपी जैसी बड़ी कंपनियों के भी नेता बने, जिससे यह नेतृत्व दर्शन और व्यापक हुआ।

4. क्रेडिटएक्सेस ग्रामीण – जमीनी नेतृत्व:

यह संस्था बाहरी विशेषज्ञों को नियुक्त करने के बजाय अपने ही कर्मचारियों को फील्ड ऑफिसर से लेकर नेतृत्व पदों तक विकसित करती है। इन नेताओं को स्थानीय समुदायों की गहरी समझ होती है, जिससे वे अधिक सहानुभूतिपूर्ण और प्रभावी निर्णय ले पाते हैं। आंतरिक पदोन्नति की इस रणनीति ने ग्राहकों के बीच विश्वास बढ़ाया और संगठन को मजबूत बनाया।

5. के.वी. कामथ और आईसीआईसीआई बैंक की नेतृत्व प्रणाली:

1990 के दशक में के.वी. कामथ ने भारत के आर्थिक उदारीकरण के दौर में आईसीआईसीआई को प्रतिस्पर्धी बनाने की चुनौती का सामना किया। उन्होंने विदेशी विशेषज्ञों पर निर्भर होने के बजाय युवा आंतरिक प्रबंधकों को बड़े अवसर और जिम्मेदारियाँ दीं। इस दृष्टिकोण ने एक मजबूत नेतृत्व पाइपलाइन तैयार की, जिसने आगे चलकर कई उद्योग नेताओं को जन्म दिया।

नेतृत्व के लिए सीख:

जिस प्रकार श्री राम ने राम सेतु के निर्माण के लिए अपनी सेना के भीतर नल और नील पर भरोसा किया, उसी प्रकार इतिहास और उद्योग के दूरदर्शी नेताओं ने दिखाया है कि सफलता की नींव आंतरिक प्रतिभा होती है। अपनी टीम के लोगों को पहचानकर, उन्हें सशक्त बनाकर और समर्थन देकर ही रचनात्मकता, स्वामित्व और असाधारण उपलब्धियाँ प्राप्त की जा सकती हैं।

मुख्य निष्कर्ष

1. महान नेता बाहर देखने से पहले भीतर देखते हैं

जब श्री राम को समुद्र पार करने जैसी असंभव प्रतीत होने वाली चुनौती का सामना करना पड़ा, तो उन्होंने तुरंत बाहरी विशेषज्ञों की तलाश नहीं की। इसके बजाय, उन्होंने अपनी सेना के भीतर मौजूद प्रतिभा का आकलन किया और नल और नील की असाधारण इंजीनियरिंग क्षमता को पहचाना। भीतर की ओर देखने का यह निर्णय दिखाता है कि सच्चा नेतृत्व अपनी टीम में पहले से मौजूद संभावनाओं को पहचानने और उनका सम्मान करने से शुरू होता है।

2. सशक्तिकरण स्वामित्व और नवाचार को जन्म देता है

श्री राम ने केवल नल और नील की क्षमताओं को पहचाना ही नहीं, बल्कि उन्हें पूरी स्वतंत्रता और जिम्मेदारी देकर राम सेतु के निर्माण का कार्य सौंपा। इस स्वामित्व की भावना ने रचनात्मकता, नवाचार और जवाबदेही को बढ़ावा दिया, जिससे असंभव दिखने वाला कार्य पाँच दिनों में पूरा हो सका। सशक्तिकरण का अर्थ पीछे हटना नहीं, बल्कि सक्षम लोगों को आगे बढ़ने का अधिकार देना है।

3. सहयोग और रणनीतिक मार्गदर्शन टीम की क्षमता बढ़ाते हैं

श्री राम ने अपनी टीम को अकेला नहीं छोड़ा, बल्कि रणनीतिक निगरानी बनाए रखी ताकि कार्य सीता की मुक्ति के बड़े लक्ष्य के अनुरूप रहे। प्रभावी नेता इसी संतुलन को साधते हैं—वे टीम को संचालन में स्वतंत्रता देते हैं, लेकिन दिशा और उद्देश्य पर मार्गदर्शन बनाए रखते हैं।

अध्याय 20

सच्चा नेतृत्व केवल अधिकार नहीं, बल्कि विश्वसनीयता पर आधारित होता है

यास्यामि बलमध्येऽहं बलौघमभिहर्षयन्।
अधिरुह्य हनूमन्तं ऐरावतमिवेश्वरः॥ 6.4.18 ॥

मैं सेना के बीच जाकर उनके उत्साह को बढ़ाऊँगा, ऐसा कहते हुए श्री राम हनुमान पर सवार होकर ऐसे आगे बढ़े जैसे इंद्र अपने ऐरावत हाथी पर होते हैं। उनकी उपस्थिति ने पूरी सेना में नया जोश और उत्साह भर दिया।

वानर सेना सेतु निर्माण और लंका के विरुद्ध युद्ध की तैयारियों से थक चुकी थी। इतने शक्तिशाली शत्रु के सामने उनका मनोबल भी डगमगाने लगा था। यह देखकर श्री राम ने एक दूरस्थ सेनापति की तरह व्यवहार नहीं किया, बल्कि अपने विश्वसनीय योद्धा हनुमान पर सवार होकर स्वयं सेना के बीच पहुँच गए। वह दृश्य अत्यंत प्रभावशाली था—श्री राम ऐसे प्रतीत हो रहे थे जैसे इंद्र अपने ऐरावत पर हों, लेकिन उससे भी अधिक महत्वपूर्ण यह था कि उनकी उपस्थिति ने साझी जिम्मेदारी और न्याय का संदेश दिया। उन्होंने यह दिखाया कि वे भी वही अनुशासन अपनाएँगे और वही जोखिम उठाएँगे, जो वे अपने सैनिकों से अपेक्षा करते हैं।

यह विश्वसनीयता का सजीव उदाहरण था, जिसने सुग्रीव से लेकर विभीषण और हर एक वानर तक के मनोबल को स्थिर कर दिया। थकान धीरे-धीरे दृढ़ संकल्प में बदल गई। श्री राम का अधिकार तो केवल आज्ञा पालन करा सकता था, लेकिन उनकी विश्वसनीयता ने पूरी सेना को विश्वास के साथ स्वेच्छा से उनका अनुसरण करने के लिए प्रेरित किया।

समकालीन परिप्रेक्ष्य

1. **साबरमती से दांडी – "कथनी और करनी में एकरूपता" – महात्मा गांधी का नेतृत्व:**

    दांडी मार्च में महात्मा गांधी ने "जो कहा, वही करके दिखाया" का उत्कृष्ट उदाहरण प्रस्तुत किया। उनका व्यक्तिगत सादगीपूर्ण जीवन और अहिंसा के सिद्धांत केवल उपदेश नहीं थे, बल्कि उनके जीए हुए मूल्य थे, जिसने लोगों में सच्ची निष्ठा और प्रेरणा पैदा की।

2. **डेट्रॉइट के हियरिंग रूम – "क्रियान्वयन में जवाबदेही" – मैरी बारा:**

    जनरल मोटर्स की सीईओ मैरी बारा ने इग्निशन-स्विच संकट के दौरान खुलकर जिम्मेदारी स्वीकार की और अपने पद के पीछे छिपने के बजाय सीधे जवाबदेही दिखाई। उनकी यह स्पष्ट स्वामित्व भावना विश्वास पुनः स्थापित करने में सहायक बनी।

3. **बेंगलुरु के ऑपरेशन थिएटर – "उद्देश्यपूर्ण मितव्ययिता" – डॉ. देवी शेट्टी:**

    नारायण हेल्थ में डॉ. देवी शेट्टी का नेतृत्व दिखाता है कि कैसे व्यक्तिगत अनुशासन और लागत-प्रभावी सोच एक ऐसी संस्कृति बनाती है जहाँ संसाधनों का जिम्मेदारी से उपयोग होता है, बिना किसी जबरन नियम के।

मुख्य निष्कर्ष

1. नेतृत्व का अर्थ है जोखिम साझा करना, केवल जिम्मेदारी सौंपना नहीं:

श्री राम का यह कार्य दर्शाता है कि सच्चा नेता वही है जो अपने अनुयायियों के समान ही कठिनाइयों को स्वयं भी झेलता है। जब संघर्ष साझा होता है, तो अधिकार प्रेरणा में बदल जाता है, जिससे एकता और दृढ़ता बढ़ती है।

2. उपस्थिति प्रभाव पैदा करती है:

चुनौतीपूर्ण समय में एक नेता की भौतिक और नैतिक उपस्थिति उसके भाषणों या आदेशों से कहीं अधिक प्रभावशाली होती है। निकटता और साथ रहना विश्वसनीयता को मजबूत करता है।

3. अधिकार बाध्य करता है; विश्वसनीयता विश्वास दिलाती है:

आदेश पालन तो अधिकार से कराया जा सकता है, लेकिन वास्तविक विश्वास उदाहरण से उत्पन्न होता है। श्री राम के नेतृत्व ने केवल आज्ञा पालन नहीं कराया, बल्कि विश्वास जगाया—जिससे अनुयायी उद्देश्य के सह-स्वामी बन गए।

मुख्य कार्यकारी अधिकारी
(CEO)

अध्याय 21

एक सच्चा नेता निर्णय लेने से पहले सदा सत्य की तलाश करता है

अत्रानेनास्मि संरुद्धो राज्यं प्रार्थयता आत्मनः।
सुग्रीवेण नष्टं स्नेहं विस्मृत्य भ्रातृसौहृदम् ॥ 4.10.25॥

"मैं उस दुष्ट सुग्रीव द्वारा रोका गया, जिसने भाईचारे के प्रेम को भुला दिया और उस राज्य की इच्छा करने लगा जो मेरा था।"

नक्शों पर सीमाएँ तय होने से बहुत पहले, एक समृद्ध राज्य था—किष्किन्धा। वानरों का सुंदर और हरित साम्राज्य, जहाँ जीवन की दिशा शक्ति, निष्ठा और बुद्धि से निर्धारित होती थी। उसके पराक्रमी राजा वाली अपने साहस और बल में अद्वितीय थे, और ऐसे अधिकार से शासन करते थे जो लोगों में विस्मय और भक्ति दोनों उत्पन्न करता था। उनके साथ थे उनके छोटे भाई सुग्रीव—बल में कम, परंतु अत्यंत समर्पित, बुद्धिमान और अटूट निष्ठावान। दोनों मिलकर वन में व्यवस्था बनाए रखते और अराजकता को दूर रखते थे।

एक दिन, वाली दानव मायावी का पीछा करते हुए निकले, जिसने एक गहरी और खतरनाक गुफा में शरण ले ली थी। भीतर प्रवेश करने से पहले, उन्होंने सुग्रीव को एक सरल लेकिन महत्वपूर्ण कार्य सौंपा—जब तक वे लौटें, प्रवेश द्वार की रक्षा करना। सुग्रीव ने, वृक्षों की छाया में खड़े होकर, जीवन से भरे वन की ध्वनियों को सुनते हुए निष्ठापूर्वक प्रतीक्षा की। घंटे बीत गए। फिर गुफा के भीतर से भयानक युद्ध की आवाजें आने लगीं—गर्जन, टकराहट और दानव की चीखें। सुग्रीव फिर भी अडिग रहे, अपने भाई की शक्ति पर विश्वास रखते हुए।

अंततः, वे आवाजें शांत हो गईं। दिन बीत गए। फिर एक दिन, गुफा से रक्त की धारा बाहर आने लगी। यह देखकर सुग्रीव का हृदय डूब गया। उन्हें विश्वास हो गया कि वाली युद्ध में मारे गए। वे गहरे शोक में डूब गए। राज्य की सुरक्षा की चिंता और अपने कर्तव्य को समझते हुए, उन्होंने गुफा को एक बड़े पत्थर से बंद कर दिया। बिना राजा के, किष्किन्धा अराजकता में डूब सकती थी। इसलिए, अनिच्छा से, सुग्रीव ने राजसिंहासन संभाला—महत्वाकांक्षा से नहीं, बल्कि कर्तव्य और आवश्यकता से प्रेरित होकर। लेकिन वाली जीवित थे। वे विजयी होकर कुछ दिनों बाद बाहर निकले, पर देखा कि गुफा बंद है और उनका भाई उनके स्थान पर शासन कर रहा है। तुरंत ही उनके मन में क्रोध भड़क उठा। बिना पूछे, बिना सुने, बिना सत्यापन किए, उन्होंने इसे विश्वासघात मान लिया। उसी क्षण वर्षों में बना विश्वास टूट गया। वाली ने सुग्रीव को किष्किन्धा से निष्कासित कर दिया, और भाईचारे व निष्ठा का वह बंधन भी टूट गया जो उनकी नींव था।

यह कथा, पारिवारिक त्रासदी से आगे बढ़कर, नेतृत्व के लिए एक गहरा संदेश देती है। सुग्रीव ने अधूरी जानकारी के आधार पर अनुमान लगाकर निर्णय लिया। वाली ने केवल अपनी धारणा पर चलकर, बिना संवाद और सत्यापन के निर्णय सुना दिया। दोनों ने जल्दबाजी की, और दोनों को इसकी कीमत चुकानी पड़ी—विश्वास खो गया, संबंध टूट गए और सामंजस्य भंग हो गया।

आज के संगठनों में इसकी समानता स्पष्ट दिखाई देती है। जो नेता अधूरी सच्चाइयों पर कार्य करते हैं, तथ्यों को जुटाने के बजाय अनुमान लगाते हैं, या बिना सुने निर्णय लेते हैं, वे भी वही परिणाम झेलते हैं—घटता हुआ विश्वास, निरुत्साहित टीमें और रुकी हुई प्रगति। महान नेतृत्व यह मांग करता है कि कार्य करने से पहले स्पष्टता हो, निर्णय से पहले सुनना हो, और फैसला लेने से पहले धैर्य रखा जाए।

समकालीन परिप्रेक्ष्य

1. **प्रथम विश्व युद्ध की घटना** – आर्कड्यूक फर्डिनेंड की हत्या के बाद, ऑस्ट्रिया-हंगरी ने बिना पूरी जांच के सर्बिया को दोषी मान लिया। इस गलत आकलन ने गठबंधनों को सक्रिय कर दिया और स्थिति एक विनाशकारी विश्व युद्ध में बदल गई। परिणाम बेहद भयावह रहा।

2. **नोकिया का उदाहरण** – नोकिया के प्रबंधन ने यह मान लिया कि मोबाइल फोन में उनकी प्रभुत्व स्थिति हमेशा बनी रहेगी। उन्होंने एप्पल और एंड्रॉइड से आने वाले बदलावों के संकेतों को नजरअंदाज कर दिया। इस धारणा ने उन्हें नवाचार से दूर कर दिया, जिससे उनका पतन हुआ।

3. **ओसामा बिन लादेन ऑपरेशन** – बराक ओबामा ने 2011 तक कार्रवाई को टाल दिया, जब तक कि कई खुफिया पुष्टि से ओसामा बिन लादेन का स्थान सुनिश्चित नहीं हो गया। अंततः यह ऑपरेशन अत्यंत सटीकता के साथ सफल हुआ। यदि उन्होंने केवल अनुमान के आधार पर निर्णय लिया होता, तो यह विनाशकारी हो सकता था।

4. **मारुति का उदाहरण** – जब अन्य कंपनियाँ मान रही थीं कि भारतीय ग्राहक केवल मजबूत कारें चाहते हैं, तब मारुति सुजुकी ने उपभोक्ताओं की वास्तविक जरूरतों की पुष्टि की—सस्ती, ईंधन-कुशल और आधुनिक कारें। इस "सत्य पहले" दृष्टिकोण ने उसे दशकों तक बाजार में नेतृत्व दिलाया।

मुख्य निष्कर्ष

1. अनुमान के आधार पर कार्य करने से बचें, पूर्ण जानकारी प्राप्त करें

अनुमान अक्सर गलत निर्णयों, संबंधों में तनाव और अवसरों के नुकसान का कारण बनते हैं। प्रभावी नेता किसी भी निर्णय से पहले तथ्यों को एकत्र करते हैं, विभिन्न दृष्टिकोणों को सुनते हैं और स्थिति को पूरी तरह समझते हैं।

2. धैर्य और सत्यापन अच्छे नेतृत्व की पहचान हैं

प्रभावी नेतृत्व के लिए संतुलित और सत्यापित तथ्यों पर आधारित निर्णय आवश्यक हैं। किष्किन्धा में सुग्रीव और वाली द्वारा जल्दबाजी में लिए गए निर्णय, बिना जांच-पड़ताल के, अनावश्यक संघर्ष और अस्थिरता का कारण बने। धैर्य नेताओं को महंगी गलतियों से बचाता है और संगठन में दीर्घकालिक विश्वास बनाए रखता है।

3. सुनना और स्पष्ट संवाद विश्वास को बनाए रखते हैं

वाली द्वारा सुग्रीव से संवाद किए बिना निर्णय लेना वर्षों के विश्वास और सहयोग को नष्ट कर देता है। संवाद के अभाव में गलतफहमियाँ, नाराज़गी और संबंधों में दरार उत्पन्न होती है। जो नेता खुले संवाद को बढ़ावा देते हैं और सक्रिय रूप से सुनते हैं, वे विश्वास और समझ को मजबूत करते हैं।

4. स्पष्टता, आवेग से बेहतर है

अनुमान के आधार पर किए गए त्वरित निर्णय अक्सर अस्थायी समाधान देते हैं, लेकिन दीर्घकालिक रूप से कमजोर होते हैं। जो नेता आवेग की बजाय स्पष्टता को प्राथमिकता देते हैं, वे अधिक नैतिक, प्रभावी और स्थायी निर्णय लेने में सक्षम होते हैं, जिससे संगठन की स्थिरता और टीम की एकता बनी रहती है।

अध्याय 22

सफल नेतृत्व हमेशा सही अभियान के लिए उपयुक्त टीम का चयन करता है

नाहमस्मिन् प्रभोः कार्ये वानरेश न लक्ष्मणः।
त्वमस्य हेतोः कार्यस्य प्रभुश्च प्लवगेश्वर ॥ 4.40.13॥

हे वानरों के राजा! इस कार्य के लिए न मैं उपयुक्त हूँ और न मेरा भाई लक्ष्मण। इस कार्य के लिए आप ही सबसे योग्य प्रभु हैं, हे वानर-श्रेष्ठ।

श्री राम ने सुग्रीव को केवल एक निष्ठावान सहयोगी नहीं, बल्कि एक ऐसे नेता के रूप में पहचाना जो महत्वपूर्ण रणनीतिक निर्णय लेने में सक्षम था। यह कार्य अत्यंत विशाल था: सीता की खोज करना, जिनका अपहरण रावण द्वारा किया गया था और उन्हें दूर स्थित, किलेबंद लंका द्वीप में ले जाया गया था। दांव इससे अधिक ऊँचे नहीं हो सकते थे। सफलता युद्ध की दिशा, राज्यों के भविष्य और उस प्रिय के उद्धार को निर्धारित करने वाली थी, जो सद्गुण और आशा का प्रतीक थीं। इसलिए श्री राम ने सुग्रीव को यह अधिकार दिया कि वे सभी दिशाओं में सीता की खोज के लिए वानर दलों के गठन का निर्णय स्वयं करें।सुग्रीव ने अत्यंत विवेकपूर्ण और योजनाबद्ध ढंग से कार्य किया। उन्होंने अपनी सेना को दिशाओं के अनुसार विभाजित किया—पूर्व दिशा की खोज का दायित्व विनाता को, पश्चिम का सुशेन को और उत्तर का शतबली को सौंपा गया। लेकिन दक्षिण दिशा, जहाँ सीता को अंतिम बार देखा गया था, सबसे अधिक महत्वपूर्ण और संवेदनशील थी। इस मिशन के लिए सुग्रीव ने श्रेष्ठतम योद्धाओं का चयन किया—अंगद, हनुमान, जाम्बवान, नल और नील। प्रत्येक के पास अलग-अलग शक्तियाँ थीं—बुद्धि, रणनीति, साहस और कार्यान्वयन क्षमता—जिससे एक संतुलित और अत्यंत सक्षम दल तैयार हुआ। यही टीम अंततः लंका

पहुँची और सीता की खोज में सफल हुई, जिससे उनके उद्धार की दिशा में निर्णायक घटनाएँ आरंभ हुई।

किसी भी संगठन में सभी परियोजनाएँ समान महत्व की नहीं होतीं। कुछ सामान्य होती हैं, जबकि कुछ संगठन के भविष्य को निर्धारित करती हैं। प्रभावी नेता इन दोनों में अंतर करना जानते हैं। वे समझते हैं कि उच्च-जोखिम वाले कार्य केवल प्रयास नहीं, बल्कि सर्वश्रेष्ठ संसाधनों की मांग करते हैं। जहाँ दांव सबसे अधिक होते हैं, वहाँ सर्वोत्तम प्रतिभा और अनुभव को केंद्रित करना पक्षपात नहीं, बल्कि दूरदर्शिता है।

समकालीन परिप्रेक्ष्य

1. जब रिलायंस ने भारत के दूरसंचार क्षेत्र में क्रांति लाने का निर्णय लिया, तब दांव अत्यंत बड़े थे। मुकेश अंबानी ने जियो को केवल एक सामान्य परियोजना की तरह नहीं देखा—उन्होंने इसे एक राष्ट्रीय मिशन के रूप में विकसित किया। उन्होंने देश के सर्वश्रेष्ठ इंजीनियरों, नेटवर्क योजनाकारों और वित्तीय रणनीतिकारों का चयन स्वयं किया। प्रतिभा और दृष्टि में कोई समझौता नहीं किया गया। जियो की नेतृत्व टीम ने सैन्य-समान सटीकता के साथ तकनीक, मार्केटिंग और इंफ्रास्ट्रक्चर को एक विशाल स्तर पर एकीकृत किया। परिणामस्वरूप, भारत दुनिया का सबसे बड़ा मोबाइल-डेटा उपभोक्ता बन गया और जियो ने पूरे बाजार को बदल दिया।

2. लगभग तीन दशकों के बाद, भारतीय क्रिकेट टीम के सामने विश्व कप जीतने का सपना था। कोच गैरी कर्स्टन और कप्तान एम. एस. धोनी ने केवल सितारों की टीम नहीं बनाई—उन्होंने संतुलन की टीम बनाई। उन्होंने युवाओं की ऊर्जा—विराट कोहली और सुरेश रैना—को अनुभवी खिलाड़ियों जैसे सचिन तेंदुलकर, वीरेंद्र सहवाग और जहीर खान के साथ जोड़ा। हर भूमिका स्पष्ट थी, हर खिलाड़ी अपने उद्देश्य को जानता था। जब भारत ने वानखेड़े में ट्रॉफी उठाई, तो यह केवल एक खेल जीत नहीं थी—यह रणनीतिक टीम निर्माण की विजय थी।

3. स्वतंत्रता के बाद भारत विभाजन की स्थिति में था। 560 से अधिक रियासतें भारतीय संघ से बाहर थीं। सरदार वल्लभ भाई पटेल को ऐसे व्यक्ति की आवश्यकता थी जो कूटनीति और प्रशासनिक कौशल दोनों में निपुण हो। उन्होंने वी. पी. मेनन का चयन किया, जो एक कम चर्चित लेकिन अत्यंत सक्षम अधिकारी थे। दोनों ने मिलकर बातचीत, मनाना और एकीकरण की प्रक्रिया के माध्यम से सैकड़ों रियासतों को बिना बड़े संघर्ष के भारत में शामिल किया। पटेल की महानता केवल उनकी दृष्टि में नहीं थी, बल्कि सही कार्यान्वयनकर्ता चुनने में भी थी।

नेतृत्व का सबक: विशाल दृष्टियाँ भी सही निष्पादकों पर निर्भर करती हैं।

4. **प्रतिभा के सही उपयोग में नेतृत्व**: 2000 के दशक के मध्य में, स्टीव जॉब्स को यह स्पष्ट था कि एप्पल के भविष्य के लिए केवल एक और उपकरण पर्याप्त नहीं होगा। 2004 में उन्होंने "प्रोजेक्ट पर्पल" शुरू किया—वह गुप्त प्रयास जिसने आगे चलकर आईफोन का निर्माण किया। जॉब्स ने एप्पल की सर्वश्रेष्ठ प्रतिभा को चुना और उन्हें एक सुरक्षित "पर्पल डॉर्म" में केवल इसी मिशन पर केंद्रित कर दिया। डिजाइनर और इंजीनियर पूर्ण समर्पण के साथ कार्य करते रहे, और जॉब्स हर स्तर पर उत्कृष्टता और नवाचार के लिए दबाव डालते रहे—चाहे वह स्कॉट फॉरस्टल का सॉफ्टवेयर हो या जॉनी आइव की डिज़ाइन टीम, जिसने एक बटन तक को दर्जनों बार परिष्कृत किया।

मुख्य निष्कर्ष

1. उच्च-जोखिम वाले कार्यों की पहचान करें और संसाधनों का बुद्धिमानी से आवंटन करें

यह आवश्यक है कि हम यह अंतर समझें कि क्या कार्य तात्कालिक है, क्या महत्वपूर्ण है, और वास्तव में सफलता को क्या परिभाषित करता है। उच्च-जोखिम वाले कार्य—जो सीधे मिशन पर प्रभाव डालते हैं—उन्हें सर्वोच्च प्राथमिकता दी जानी चाहिए, और उनके अनुसार लोग, समय तथा संसाधन संरेखित होने चाहिए। जब ऊर्जा को सही स्थान पर केंद्रित किया जाता है, तो नेता अपव्यय को रोकते हैं, ध्यान भटकाव कम करते हैं और टीम को सबसे महत्वपूर्ण लक्ष्यों पर श्रेष्ठ प्रदर्शन करने में सक्षम बनाते हैं।

2. रणनीतिक आवंटन (डेलीगेशन) प्रभाव को अधिकतम करता है

नेतृत्व केवल कार्य सौंपने तक सीमित नहीं है; यह कौशल और मिशन की आवश्यकताओं के बीच सही मेल स्थापित करने की कला है। सुग्रीव द्वारा रणनीति, बुद्धिमत्ता, साहस और निष्पादन क्षमता जैसे पूरक गुणों का सावधानीपूर्वक चयन यह सुनिश्चित करता है कि टीम उच्च-जोखिम परिस्थितियों में भी समन्वय के साथ कार्य करे।

3. पूरक कौशल मिशन की सफलता को मजबूत बनाते हैं

कोई भी नेता अकेले सफल नहीं होता। जो नेता विभिन्न पूरक क्षमताओं को महत्व देते हैं और उन्हें सही ढंग से जोड़ते हैं, वे अधिक सशक्त टीम बनाते हैं, लक्ष्यों को अधिक प्रभावी ढंग से प्राप्त करते हैं और मिशन को संतुलन के साथ आगे बढ़ाते हैं।

अध्याय 23

एक नेतृत्वकर्ता ऐसी साझेदारियाँ बनाता है जो सभी को साथ लेकर जीत सुनिश्चित करें

उपकारफलं मित्रम् अपकारोऽरि-लक्षणम्।
अद्यैव तं हनिष्यामि तव भार्यापहारिणम् ॥ 4.8.21॥

जो उपकार करता है वह मित्र माना जाता है, परंतु अपकार करना शत्रुता का लक्षण होता है। मैं आज ही उस व्यक्ति का वध कर दूँगा जिसने तुम्हारी पत्नी का हरण किया है।

घने वनों और ऊँचे पर्वतों से घिरे किष्किन्धा में एक ऐसा प्रसंग घटित हुआ, जो नेतृत्व और सहयोग के शाश्वत पाठ सिखाता है। सुग्रीव, जो वानर-राजा थे और अपनी शक्ति के लिए प्रसिद्ध थे, अपने ही भाई वाली के अत्याचार के कारण वनवास और भय की स्थिति में आ गए थे। उसी समय श्री राम ने सुग्रीव की क्षमताओं को पहचाना—वानर सेना पर उनका नियंत्रण, भूमि का गहन ज्ञान और उनकी रणनीतिक समझ। वहीं सुग्रीव ने भी श्री राम में साहस, धर्म और दृढ़ संकल्प को देखा। एक समझौता हुआ—श्री राम सुग्रीव को उनका राज्य वापस दिलाएँगे, और सुग्रीव सीता की खोज में अपनी सेना और बुद्धि प्रदान करेंगे।

इस साझेदारी की सबसे बड़ी विशेषता यह थी कि दोनों ने अपने वचन का पूरी निष्ठा से पालन किया। श्री राम ने अपने वचन के अनुसार सुग्रीव की सहायता की और उन्हें उनके राज्य पर पुनः स्थापित किया। यह विजय केवल युद्ध की नहीं, बल्कि नैतिकता की भी थी—यह सहयोग विश्वास और सम्मान पर आधारित था, बल या दबाव पर

नहीं। पुनः राजा बनने के बाद सुग्रीव ने अपनी पूरी वानर सेना संगठित की और वनों, नदियों, पर्वतों तथा रावण की गतिविधियों की विस्तृत जानकारी साझा की।

आज के नेतृत्व के लिए यह प्रसंग अत्यंत महत्वपूर्ण शिक्षा देता है। वास्तविक सहयोग केवल संसाधनों के मेल से नहीं बनता, बल्कि विश्वास, परस्पर सम्मान और वचन-पालन से बनता है। जब नेता एक-दूसरे की शक्तियों को समझकर उनका सही उपयोग करते हैं और अल्पकालिक लाभ के बजाय दीर्घकालिक मूल्य पर ध्यान देते हैं, तब वे ऐसे संबंध बनाते हैं जो मजबूत, प्रभावी और असंभव को संभव बनाने वाले सिद्ध होते हैं।

समकालीन परिप्रेक्ष्य

1. इन्फोसिस और माइक्रोसॉफ्ट का सहयोग

इन्फोसिस और माइक्रोसॉफ्ट के बीच सहयोग तब हुआ जब डिजिटल ट्रांसफॉर्मेशन की मांग तेजी से बढ़ रही थी। इन्फोसिस को बड़े स्तर पर क्लाउड क्षमता की आवश्यकता थी, जबकि माइक्रोसॉफ्ट अपने एज़्योर प्लेटफॉर्म को बड़े कॉर्पोरेट्स में स्थापित करना चाहता था। इस साझेदारी से इन्फोसिस ने अपने ग्राहकों को स्केलेबल डिजिटल समाधान दिए और माइक्रोसॉफ्ट ने वैश्विक स्तर पर अपनी पकड़ मजबूत की।

2. एप्पल और नाइकी का गठबंधन (नाइकी+ आईपॉड)

एप्पल और नाइकी ने मिलकर 2006 में एक अभिनव उत्पाद बनाया—नाइकी+ आईपॉड। नाइकी की खेल जगत में मजबूत पकड़ थी और एप्पल के पास डिज़ाइन, सेंसर और एप्लिकेशन की विशेषज्ञता थी। इस सहयोग से फिटनेस ट्रैकिंग और संगीत को जोड़ा गया, जिससे एप्पल को स्वास्थ्य और जीवनशैली तकनीक में नया बाजार मिला और नाइकी डिजिटल युग में प्रवेश कर सका।

3. उबर और स्पॉटिफाई का सहयोग

उबर और स्पॉटिफाई के सहयोग से यात्रियों को राइड के दौरान अपनी पसंदीदा संगीत प्लेलिस्ट सुनने की सुविधा मिली। इससे उबर को बेहतर उपयोगकर्ता अनुभव मिला और स्पॉटिफाई को बिना अतिरिक्त मार्केटिंग खर्च के लाखों नए सक्रिय उपयोगकर्ता प्राप्त हुए।

4. स्टारबक्स और टाटा का सहयोग

स्टारबक्स और टाटा समूह की साझेदारी तब बनी जब स्टारबक्स ने भारत के बाजार में प्रवेश किया। भारत में चाय की मजबूत संस्कृति को देखते हुए स्थानीय साझेदार की आवश्यकता थी। टाटा ने स्थानीय विशेषज्ञता, सप्लाई चेन और ग्राहक विश्वास प्रदान किया, जबकि स्टारबक्स ने वैश्विक ब्रांड और प्रीमियम कैफे अनुभव दिया।

5. आर्या.एजी की साझेदारी

डी. चट्टानाथन, प्रसन्ना राव और आनंद चंद्र — तीनों ने कभी ICICI Bank में साथ काम किया था। वर्षों बाद वही पेशेवर संबंध, साझा दृष्टि और आपसी विश्वास Arya.ag की नींव बने।

प्रसन्ना एक दूरदर्शी सोच रखने वाले और अत्यंत प्रभावशाली संवादकर्ता हैं। उन्होंने बाहरी संबंधों को मजबूत बनाने और दीर्घकालिक रणनीति तैयार करने में महत्वपूर्ण भूमिका निभाई। दूसरी ओर, आनंद अपनी सशक्त क्रियान्वयन क्षमता के लिए जाने जाते हैं, जिन्होंने व्यवसाय को जमीन पर उतारकर उसे गति दी।

चट्टानाथन की सबसे बड़ी शक्ति जोखिमों को समय रहते पहचानने, समझने और संतुलित करने की क्षमता रही, जिसने संस्था को स्थिरता और विश्वसनीयता प्रदान की।

इन तीनों संस्थापकों को जोड़ने वाली सबसे बड़ी शक्ति केवल उनका अनुभव नहीं, बल्कि भारतीय कृषि को बदलने का साझा संकल्प है। उनका उद्देश्य केवल एक कंपनी बनाना नहीं था, बल्कि किसानों और किसान उत्पादक संगठनों (FPOs) की आवश्यकताओं को पूरा करने वाला भारत का सबसे बड़ा और विश्वसनीय अनाज वाणिज्य मंच तैयार करना था।

एक-दूसरे की पूरक क्षमताएँ, वर्षों में बना आपसी विश्वास और स्पष्ट उद्देश्य — इन सबने मिलकर Arya.ag को एग्री-टेक क्षेत्र का एक विशिष्ट, एकीकृत और लाभकारी संस्थान बना दिया है, जो तेज़ी से आगे बढ़ रहा है।

मुझे विश्वास है कि एक दिन Arya.ag भारत के सफल यूनिकॉर्न्स में अवश्य शामिल होगा।

मुख्य निष्कर्ष

1. पारस्परिक शक्तियों पर आधारित गठबंधन बनाएँ

महान नेतृत्वकर्ता समझते हैं कि गठबंधन तभी सफल होते हैं जब वे साझा शक्तियों और पूरक लक्ष्यों पर आधारित हों। नियंत्रण के लिए प्रतिस्पर्धा करने के बजाय, वे ऐसे सहयोग पर ध्यान केंद्रित करते हैं जो प्रत्येक पक्ष की श्रेष्ठ क्षमताओं को और अधिक प्रभावशाली बना दे।

2. विश्वास सहयोग की नींव है

विश्वास भय को कम करता है, निष्ठा को मजबूत करता है और लोगों को संदेह के बजाय खुलेपन के साथ कार्य करने की स्वतंत्रता देता है। जब विश्वास केंद्र में होता है, तो सहयोग केवल समन्वय नहीं रहता—वह वास्तविक साझेदारी बन जाता है।

3. पूरक कौशलों की पहचान और उपयोग आवश्यक है

यह समझना जरूरी है कि प्रत्येक व्यक्ति अलग-अलग और विशिष्ट क्षमताएँ लेकर आता है। पूरक कौशलों का उपयोग न केवल कमियों को पूरा करता है, बल्कि सम्मान और एकता को भी बढ़ाता है, जिससे चुनौतियों का सामना संतुलित और प्रभावी ढंग से किया जा सकता है।

4. विन-विन साझेदारियाँ दीर्घकालिक परिणाम देती हैं

ऐसी साझेदारियाँ जो निष्पक्षता और पारस्परिक लाभ पर आधारित होती हैं, समय की कसौटी पर खरी उतरती हैं। जब दोनों पक्ष स्वयं को मूल्यवान महसूस करते हैं और सहयोग से लाभ प्राप्त करते हैं, तो विश्वास गहरा होता है और प्रतिबद्धता मजबूत होती है।

अध्याय 24

सफल नेतृत्वकर्ता हमेशा सफलता को साझा करता है ताकि टीम को और मजबूत बनाया जा सके

> अकालफलिनो वृक्षाः सर्वे चापि मधुस्रवाः।
> फलान्यतिगन्धीनि बहूनि विविधानि च।
> भवन्तु मार्गे भगवन् नयोध्यां प्रतिगच्छतः॥ 6.127.19॥
>
> "हे दिव्य ऋषि! हमारे अयोध्या की ओर लौटते समय मार्ग में सभी वृक्ष बिना ऋतु के फल देने वाले हों और मधु-स्राव करने वाले हों। अनेक प्रकार के सुगंधित, रसपूर्ण और विविध फल वहाँ प्रकट हों।"

लंका के महान युद्ध के बाद, रावण के भाई विभीषण, जिन्होंने धर्म के पक्ष में आकर श्री राम का साथ दिया था, उनके पास विजय के उपहार स्वरूप धन, खजाना और युद्ध में प्राप्त संपत्ति लेकर आए। परंतु श्री राम ने उन पुरस्कारों को स्वयं के लिए स्वीकार नहीं किया। उन्होंने यह समझते हुए कि यह विजय एक सामूहिक प्रयास का परिणाम थी, वह समस्त संपत्ति वानर सेना में बाँटने का निर्देश दिया—उन वानरों में जिन्होंने साहस, परिश्रम और निष्ठा से इस युद्ध को सफल बनाया।

इसके अतिरिक्त, श्री राम ने अपने सहयोगियों के कल्याण का भी ध्यान रखा। ऋषि भारद्वाज, जो श्री राम और उनकी सेना को आशीर्वाद देने के इच्छुक थे, से अनुरोध किया गया कि वे अयोध्या लौटते समय मार्ग में भरपूर फल और भोजन की व्यवस्था करें। प्रत्येक कार्य—चाहे वह वितरण हो या आशीर्वाद—इस मूल सिद्धांत को मजबूत करता है कि सच्चा नेतृत्व सामूहिक प्रयास को पहचानता है और पुरस्कारों का न्यायसंगत वितरण सुनिश्चित करता है।

आज के संगठनों में यह सिद्धांत निष्पक्ष वेतन, टीम की पहचान, पारदर्शी पुरस्कार प्रणाली और सामूहिक सफलता के उत्सव के रूप में दिखाई देता है। जब धन, श्रेय और अवसरों का न्यायपूर्ण वितरण होता है, तो सहभागिता बढ़ती है, विश्वास मजबूत होता है और टीम अधिक समर्पण से कार्य करती है।

श्री राम का यह उदाहरण दर्शाता है कि नेतृत्व केवल विजय प्राप्त करने में नहीं, बल्कि उस विजय को साझा करने में भी मापा जाता है। जब नेता निष्पक्षता, उदारता और सम्मान को अपनाते हैं, तो वे सकारात्मक कार्य संस्कृति का निर्माण करते हैं, निष्ठा बढ़ाते हैं और संगठन की दीर्घकालिक सफलता सुनिश्चित करते हैं।

समकालीन परिप्रेक्ष्य

1. नारायण मूर्ति ने 1990 के दशक की शुरुआत में कर्मचारी स्टॉक ऑप्शन्स (ESOPs) की अवधारणा को आगे बढ़ाया। जब Infosys सार्वजनिक हुई, तो इन ESOPs ने विभिन्न स्तरों के कर्मचारियों को करोड़पति बना दिया, जिससे संपत्ति का लोकतंत्रीकरण हुआ। मूर्ति और अन्य संस्थापकों ने यह सुनिश्चित किया कि केवल संस्थापक ही नहीं, बल्कि हर महत्वपूर्ण योगदानकर्ता भी कंपनी की सफलता से लाभान्वित हो। इससे दीर्घकालिक निष्ठा और सामूहिक सफलता को बढ़ावा मिला।

2. कॉरपोरेट कल्याण की अवधारणा के बहुत पहले ही जे. आर. डी. टाटा ने कर्मचारियों के लिए आवासीय कॉलोनियाँ, अस्पताल और स्कूल स्थापित किए। Tata Steel का जमशेदपुर टाउनशिप आज भी इस समग्र कर्मचारी देखभाल का जीवंत उदाहरण है, जहाँ कर्मचारियों के जीवन को कार्यस्थल से परे भी महत्व दिया गया।

3. अज़ीम प्रेमजी ने अत्यंत विनम्रता, सरलता और निष्पक्षता के साथ जीवन जीया और व्यक्तिगत विलासिता से दूरी बनाए रखी। उन्होंने यह सुनिश्चित किया कि Wipro के कर्मचारियों को लाभ-आधारित बोनस और विकास के अवसर मिलें। उनकी निष्पक्षता ने संगठन में विश्वास, स्वामित्व, निष्ठा और जवाबदेही को मजबूत किया, जिससे विप्रो एक सम्मानित आईटी कंपनी बनी।

4. आदित्य पुरी ने HDFC Bank में केवल वरिष्ठ अधिकारियों तक सीमित नहीं रखते हुए विभिन्न विभागों के बड़े स्तर के कर्मचारियों को भी स्टॉक विकल्प दिए। इस कदम से संगठन में हर स्तर पर गहरी स्वामित्व भावना और जवाबदेही विकसित हुई, जिसके परिणामस्वरूप एचडीएफसी बैंक भारत के सबसे बड़े निजी क्षेत्र के बैंकों में से एक बन गया।

मुख्य निष्कर्ष

1. सामूहिक प्रयास का सम्मान करें

कंपनी की सफलता में हर व्यक्ति की भूमिका को स्वीकार करके नेता निष्ठा, प्रेरणा और साझा उद्देश्य की भावना को विकसित करते हैं। यह दर्शाता है कि सामूहिक प्रयास को पहचानना टीमों को और अधिक मजबूत बनाता है।

2. निष्पक्षता विश्वास को बढ़ाती है

न्यायपूर्ण व्यवहार विश्वास को मजबूत करता है, मनोबल को बढ़ाता है और टीम सदस्यों में निरंतर प्रतिबद्धता को प्रोत्साहित करता है, जिससे एक सक्रिय और जुड़ी हुई कार्यसंस्कृति बनती है। कर्मचारी यह समझते हैं कि उनके प्रयासों को उचित रूप से पहचाना जा रहा है, जिससे नेतृत्व और संगठनात्मक मूल्यों पर उनका भरोसा बढ़ता है।

3. मान्यता (Recognition) टीमों को प्रेरित करती है

स्वीकृति निरंतर समर्पण को प्रेरित करती है, उद्देश्य की भावना को मजबूत करती है और व्यक्तियों को अपने सर्वोत्तम प्रदर्शन के लिए प्रोत्साहित करती है, जिससे सामूहिक उत्कृष्टता की संस्कृति विकसित होती है। यह स्वीकारोक्ति मनोबल बढ़ाती है और यह सुनिश्चित करती है कि हर योगदान संगठन की सफलता का महत्वपूर्ण हिस्सा है।

4. उदारता निष्ठा को मजबूत करती है

उदारता के कार्य निष्ठा को गहरा करते हैं और प्रतिबद्धता को बढ़ाते हैं, जिससे टीमों में एकता और दीर्घकालिक सहयोग विकसित होता है। ऐसे कार्य कर्मचारियों को बनाए रखने में मदद करते हैं और संगठनात्मक संस्कृति को मजबूत करते हैं, यह दर्शाते हुए कि उदारता एक रणनीतिक नेतृत्व उपकरण है।

अध्याय 25

नेतृत्वकर्ता हमेशा चेतावनियों पर ध्यान देता है

"जना स्थानवधं बुद्ध्वा वालिवधं तथा
रामसुग्रीवसख्यं च बुद्ध्यस्व हितमात्मनः॥ 5.51.30 ॥

तुम जनस्थान में राक्षसों के विनाश, वाली के वध, तथा श्री राम और सुग्रीव की मैत्री से भली-भाँति परिचित हो। इसलिए अपने हित और कल्याण को ध्यान में रखते हुए अब तुम्हें अत्यंत सोच-समझकर उचित निर्णय लेना चाहिए।

हनुमान, असाधारण वानर योद्धा, को एक ऐसे मिशन के लिए चुना गया था जो युद्ध से आगे था—एक कूटनीति, चेतावनी और वार्ता का मिशन। विशाल और असीम समुद्र को पार करके वे लंका के द्वार तक पहुँचे, उस राक्षस राजा से मिलने के लिए, जिसका अहंकार उसकी विवेकशीलता को अंधा कर चुका था।

हनुमान ने अपना संदेश शांत लेकिन दृढ़ शब्दों में दिया। उन्होंने श्री राम की विजय का वर्णन किया—वाली का वध, किष्किंधा में न्याय की पुनर्स्थापना, अनेक शक्तिशाली राक्षसों पर विजय, और विशाल तथा एकजुट वानर सेना का निर्माण। उन्होंने श्री राम के अटूट साहस, उनकी रणनीतिक कुशलता और उनके साथ खड़े लोगों की अडिग निष्ठा का उल्लेख किया। संदेश स्पष्ट था—श्री राम की शक्ति केवल संख्या में नहीं, बल्कि अनुशासन, रणनीति और दृढ़ संकल्प में थी।

यह रावण के लिए एक अवसर था कि वह स्थिति की गंभीरता को समझे और विनाश को टाल दे। लेकिन अहंकार ने उसकी बुद्धि पर पर्दा डाल दिया। अपनी शक्ति पर अति-विश्वास करते हुए उसने हनुमान की चेतावनी को अनसुना कर दिया और यह मान लिया कि कोई भी उसके साम्राज्य को चुनौती नहीं दे सकता। यहाँ तक कि

उसके दूत शुक और सारण ने भी जब श्री राम की शक्ति और वानर सेना की एकता की पुष्टि की, तब भी रावण का अहंकार उसे सही निर्णय लेने से रोकता रहा।

परिणाम शीघ्र और विनाशकारी थे। लंका का पतन हुआ, रावण ने अपना राज्य खो दिया, अपनी शक्ति खो दी और अंततः अपने प्राण भी।

आज के समय में भी ऐसे ही चेतावनी संकेत—जैसे वित्तीय जोखिमों का बढ़ना, संचालन में कमियाँ या बाजार में बदलाव—किसी बड़े संकट से पहले दिखाई देते हैं। इन्हें अनदेखा करना, जैसे रावण ने किया, छोटे मुद्दों को गंभीर संकट में बदल सकता है।

नेतृत्व केवल शक्ति या आत्मविश्वास से नहीं मापा जाता, बल्कि स्पष्ट दृष्टि, चेतावनियों को सुनने की क्षमता और समय रहते सही निर्णय लेने की बुद्धि से मापा जाता है।

समकालीन परिप्रेक्ष्य

1. **किंगफिशर एयरलाइंस** कई वर्षों तक लगातार घाटे में रही और स्थापना के बाद से कभी लाभ में नहीं आई। उनका परिचालन खर्च बहुत अधिक था, जो अस्थिर था। यहाँ तक कि ऑडिटर्स ने भी कंपनी की व्यवहार्यता पर सवाल उठाए थे। अंततः यह एयरलाइन बंद हो गई, बैंकों के पास एनपीए (NPA) रह गए और कर्मचारियों को छोड़ दिया गया। जैसे रावण ने हनुमान की चेतावनी को अनदेखा किया, वैसे ही किंगफिशर ने अपने घाटे वाले व्यवसाय की वास्तविकता को नजरअंदाज किया।

2. इसके विपरीत, **टेकफिनो कैपिटल प्राइवेट लिमिटेड** (TCPL), जो बेंगलुरु स्थित एक तेजी से बढ़ती एनबीएफसी है और जिसे तीन एमबीए व अनुभवी वित्तीय पेशेवर—जयप्रकाश पात्रा, राजेश पंडा और रतिकांत सतपथी—द्वारा संचालित किया जाता है, ने मूलभूत नियमों का पालन करते हुए सफलता हासिल की। शुरुआत में उन्होंने असुरक्षित (unsecured) शिक्षा ऋण उत्पाद से शुरुआत की थी। लेकिन बाजार में असुरक्षित ऋणों में शुरुआती डिफॉल्ट (delinquency) को देखते हुए उन्होंने बीच में ही रणनीति बदलकर सुरक्षित (secured) ऋणों पर ध्यान केंद्रित किया। यह निर्णय उन्होंने सक्रिय रूप से लिया, जबकि उनके पास असुरक्षित ऋण का अच्छा पोर्टफोलियो था। कई छोटी और मध्यम एनबीएफसी ने समय रहते कदम नहीं उठाए और असुरक्षित ऋण बढ़ाते रहे। परिणामस्वरूप उनमें से कई संघर्ष कर रहे हैं, जबकि TCPL ने उल्लेखनीय वृद्धि की है और हाल ही में पूंजी भी जुटाई है।

3. अर्थशास्त्रियों और अंदरूनी विशेषज्ञों ने बार-बार **सबप्राइम मॉर्गेज संकट** की चेतावनी दी थी। लेकिन बैंकरों और नियामकों ने इन चिंताओं को यह मानकर खारिज कर दिया कि घरों की कीमतें केवल बढ़ती रहेंगी। लेहमैन ब्रदर्स के पतन ने वैश्विक मंदी को जन्म दिया—यह रावण द्वारा कई चेतावनियों को अनदेखा करने जैसा था।

4. विश्लेषकों ने बढ़ती ब्याज दरों के बीच **सिलिकॉन वैली बैंक** (SVB) के बॉन्ड पोर्टफोलियो में जोखिम की ओर इशारा किया था। प्रबंधन ने इन चिंताओं को नजरअंदाज कर दिया। इसके बाद जमा निकासी (deposit run) शुरू हुई और केवल 48 घंटों में बैंक का पतन हो गया—यह इस बात का प्रमाण है कि जब शुरुआती चेतावनियों को अनदेखा किया जाता है तो क्या परिणाम होते हैं।

मुख्य निष्कर्ष

1. चेतावनियों को गंभीरता से लेना आपदाओं को रोकता है

वे नेता जो शुरुआती संकेतों को नजरअंदाज करते हैं, वे पतन के जोखिम में रहते हैं। चेतावनियों पर समय रहते कार्रवाई करने से संकट को बढ़ने से पहले ही रोका जा सकता है।

2. प्रभावी नेतृत्व में विनम्रता (Humility) आवश्यक है

अहंकार नेताओं को वास्तविकता से अंधा कर देता है। रावण का घमंड और लेहमैन का अति-आत्मविश्वास उन्हें सही सलाह को नजरअंदाज करने पर मजबूर करता है। विनम्रता नेताओं को सुझाव स्वीकार करने और खतरों के प्रति अधिक तैयार रहने में मदद करती है।

3. बारीकियों पर ध्यान देना महत्वपूर्ण है

छोटी-छोटी बातों को अनदेखा करना घातक हो सकता है। रावण ने हनुमान की विस्तृत चेतावनियों को नजरअंदाज किया, और लेहमैन ने आंतरिक संकेतों की उपेक्षा की। विवरणों पर सावधानीपूर्वक ध्यान देने से जोखिम पहले ही पहचाने जा सकते हैं।

4. समय पर कार्रवाई अत्यंत आवश्यक है

केवल चेतावनी पर्याप्त नहीं होती, उस पर त्वरित निर्णय लेना जरूरी है। रावण और लेहमैन दोनों ने कार्रवाई में देरी की, जिससे स्थिति अनियंत्रित हो गई। नेताओं को जोखिम को नियंत्रित करने के लिए तुरंत कदम उठाने चाहिए।

5. सतर्कता की संस्कृति विकसित करना जरूरी है

जो संगठन विरोधी आवाज़ों को दबाते हैं, उनमें अदृश्य कमज़ोरियाँ (blind spots) पैदा होते हैं। रावण का दरबार और लेहमैन की संस्कृति ने असहमति को हतोत्साहित किया। जो नेता ईमानदार सुझावों को प्रोत्साहित करते हैं, वे अधिक मजबूत और संकट-प्रतिरोधी संगठन बनाते हैं।

अध्याय 26

एक अच्छा नेता कठिन समय में अपने लोगों का साथ देता है

> सतश्चित्ररथश्चार्य सचिवस्सुचिरोषितः।
> तोषयैनं महार्हैश्च रत्नैर्वस्त्रैर्धनैस्तथा।
> पशुकाभिश्च सर्वाभिर्गवां दशशतेन च ॥" 2.32.17 ॥
>
> हमारे पिता के सेवक और सारथी चित्ररथ, जो लंबे समय से हमारी सेवा में हैं, उन्हें सम्मानित और प्रसन्न करो। उन्हें बहुमूल्य रत्न, वस्त्र, धन, बछड़ों सहित गायें और सैकड़ों गायों का उपहार देकर संतुष्ट करो।

जब श्री राम के चौदह वर्षों के वनवास के लिए प्रस्थान का दिन निकट आया, तो अयोध्या में गंभीरता और शांत उत्सुकता का मिश्रण था। प्रिय राजकुमार और सिंहासन के उत्तराधिकारी श्री राम अब वन जाने वाले थे, महल के सुख-सुविधाओं और राजसी जीवन की निश्चितता को पीछे छोड़ते हुए। फिर भी, अपने व्यक्तिगत कष्टों की तैयारी के बावजूद, उनके विचार हमेशा उन लोगों के साथ थे जिनका जीवन उनसे जुड़ा हुआ था—सारथी, महल के कर्मचारी, मंत्री और असंख्य सेवक जो राज्य के सुचारु संचालन को सुनिश्चित करते थे।

अद्भुत दूरदर्शिता और करुणा का परिचय देते हुए श्री राम ने यह सुनिश्चित किया कि उनके अनुपस्थित रहने के दौरान महल पर निर्भर सभी लोगों का ध्यान रखा जाए। उन्होंने अपने सारथी चित्ररथ को एक हज़ार गायें प्रदान कीं, जो उनके जीवन-निर्वाह के लिए एक महत्वपूर्ण और स्थायी साधन था। प्रत्येक महल कर्मचारी को इतना संसाधन दिया गया कि वे बिना किसी भय या कठिनाई के अपना जीवन चला सकें। उन्होंने उन्हें अपने कर्तव्यों का पालन जारी रखने का निर्देश दिया और यह विश्वास दिलाया कि उनकी मूल आवश्यकताएँ पूरी तरह सुरक्षित हैं। यह केवल उदारता नहीं थी, बल्कि नेतृत्व की गहरी जिम्मेदारी का प्रतीक था।

श्री राम के कार्य यह दर्शाते हैं कि नेतृत्व केवल लक्ष्य प्राप्त करने के बारे में नहीं होता, बल्कि ऐसे वातावरण का निर्माण करना होता है जहाँ लोग कठिन परिस्थितियों में भी सुरक्षित, समर्थ और सशक्त महसूस करें। महल के कर्मचारियों की आवश्यकताओं का पूर्वानुमान लगाकर और उनके कल्याण को सुनिश्चित करके श्री राम ने एक ऐसा कालातीत उदाहरण प्रस्तुत किया, जो आज भी प्रासंगिक है—जो नेता अपने लोगों की परवाह करते हैं, वे प्रेरित, समर्पित और मजबूत टीम का निर्माण करते हैं, जो किसी भी अनिश्चितता में संगठन को संभालने और दीर्घकालिक सफलता सुनिश्चित करने में सक्षम होती है।

समकालीन परिप्रेक्ष्य

1. नवंबर 2008 में मुंबई पर आतंकवादी हमला हुआ, और ताज महल पैलेस होटल में हुई यह त्रासदी गहरी छाप छोड़ गई। कई कर्मचारी जिन्होंने मेहमानों की सुरक्षा करते हुए अपनी जान गंवाई, उनके परिवार उजड़ गए। इसके बाद कॉर्पोरेट सहानुभूति का एक अविस्मरणीय उदाहरण सामने आया। रतन टाटा ने व्यक्तिगत रूप से उन कर्मचारियों के घरों का दौरा किया जो घायल हुए थे या जिनकी मृत्यु हो गई थी, जो एक मानवीय दृष्टिकोण को दर्शाता है। कंपनी ने पूर्ण मुआवजा, आजीवन चिकित्सा सुविधाएँ, और प्रभावित कर्मचारियों के बच्चों की पूरी शिक्षा की घोषणा की। यहाँ तक कि ठेके पर काम करने वाले और अस्थायी कर्मचारी, जिन्हें अक्सर ऐसी स्थितियों में नजरअंदाज किया जाता है, उन्हें भी इस सहायता योजना में शामिल किया गया—जो कार्यबल के हर सदस्य के प्रति गहरी प्रतिबद्धता को दर्शाता है।

2. 2008 के वित्तीय संकट में जब कई ऑटोमोबाइल कंपनियों ने कर्मचारियों की छंटनी की, तब महिंद्रा एंड महिंद्रा ने, आनंद महिंद्रा के नेतृत्व में, एक अलग रास्ता चुना। नेतृत्व ने "साझा बलिदान" (shared sacrifice) मॉडल अपनाया। वरिष्ठ अधिकारियों ने स्वेच्छा से अपने वेतन में कटौती की ताकि जूनियर और फ्रंटलाइन कर्मचारियों की नौकरियाँ सुरक्षित रह सकें। मंदी के दौरान कर्मचारियों को कौशल वृद्धि (upskilling) के लिए प्रशिक्षण कार्यक्रम भी शुरू किए गए, ताकि बाजार के सुधरने पर वे तैयार रहें।

3. 11 सितंबर (9/11) के हमलों ने अमेरिका के विमानन उद्योग को तबाह कर दिया था। लगभग हर बड़ी एयरलाइन ने कर्मचारियों की छंटनी की, उड़ानें रोक दीं और लागत में कटौती की। लेकिन साउथवेस्ट एयरलाइंस ने एक अलग रुख अपनाया। प्रबंधन ने घोषणा की: "हम एक भी कर्मचारी की छंटनी नहीं करेंगे।" वित्तीय नुकसान के बावजूद उन्होंने पूरा बोझ अपने ऊपर लिया, कर्मचारियों

पर नहीं डाला। बाद में इन्हीं कर्मचारियों की मदद से कंपनी संकट से उबरकर मजबूत हुई।

4. जब COVID-19 महामारी आई, तो हॉस्पिटैलिटी सेक्टर सबसे अधिक प्रभावित क्षेत्रों में से एक था। मैरियट इंटरनेशनल के CEO, अर्ने सोरेनसन ने कर्मचारियों को एक भावनात्मक संदेश दिया। उन्होंने घोषणा की कि वे स्वयं वेतन नहीं लेंगे और वरिष्ठ अधिकारी भी वेतन कटौती करेंगे, ताकि फ्रंटलाइन कर्मचारियों को यथासंभव लंबे समय तक सहायता दी जा सके।

मुख्य निष्कर्ष

1. नेतृत्व में लोगों की देखभाल शामिल होती है

नेतृत्व केवल साहस या दृष्टि तक सीमित नहीं है—यह उन लोगों की देखभाल करने के बारे में है जो आप पर निर्भर हैं। लोगों की भलाई सुनिश्चित करके नेता विश्वास, निष्ठा और अपनापन (belongingness) विकसित करते हैं।

2. दूरदर्शिता संगठनात्मक स्थिरता को मजबूत करती है

मजबूत नेता आगे की सोच रखते हैं और समस्याएँ बढ़ने से पहले ही कार्रवाई करते हैं। जरूरतों का पूर्वानुमान लगाने से निरंतरता और स्थिरता बनी रहती है, जिससे टीम सुरक्षित और केंद्रित रह पाती है।

3. सहानुभूति (Empathy) नेतृत्व के प्रभाव को बढ़ाती है

सहानुभूति अधिकार को प्रभाव में बदल देती है। जो नेता अपने लोगों को वास्तव में समझते और उनका समर्थन करते हैं, वे निष्ठा, प्रेरणा और गहरी भागीदारी उत्पन्न करते हैं।

4. जिम्मेदारी व्यक्तिगत लक्ष्यों से आगे होती है

नेतृत्व का अर्थ केवल व्यक्तिगत सफलता नहीं, बल्कि दूसरों की जिम्मेदारी स्वीकार करना भी है। प्रभावी नेता समझते हैं कि उनके निर्णय उनके साथ काम करने वाले लोगों के जीवन को प्रभावित करते हैं।

5. समर्थन विश्वास का निर्माण करता है

ज़रूरत के समय लगातार दिया गया समर्थन विश्वास को मजबूत करता है। ऐसे नेता टीमों को चुनौतियों के बीच भी आगे बढ़ने और सफल होने के लिए सक्षम बनाते हैं।

अध्याय 27

एक अच्छा नेता हमेशा सच्ची और निष्पक्ष सलाह को ध्यान से सुनता है

"अयं च राजाव्यसनाभिभूतः मित्रैरमित्रप्रतिमैर्भवद्भिः।
अन्वास्यते राक्षसनाशनार्थे तीक्ष्णः प्रकृत्याह्यसीक्षयकारी
॥ 6.14.17 ॥

यह राजा (रावण) अपने स्वभाव से ही उग्र है और सात प्रकार के व्यसनों से ग्रस्त होकर बिना सोच-विचार के कार्य करता है। यह राक्षसों का नाश कर रहा है। तुम लोग, जो अपने आपको उसके मित्र कहते हो, वास्तव में उसके साथ ऐसे जुड़ रहे हो जैसे शत्रु हों।

लंका के दरबार में शक्तिशाली रावण अपने स्वर्ण सिंहासन पर विराजमान था। उसके चारों ओर नगर की समृद्धि और शक्ति का तेज फैला हुआ था। एक महान योद्धा और शासक के रूप में उसकी ख्याति दूर-दूर तक फैली थी, और उसके निकटस्थ लोग उसकी शक्ति की छाया में अपनी प्रतिष्ठा बढ़ाने का प्रयास करते थे। उसके अधिकांश मंत्री, सलाहकार और दरबारी उसे प्रसन्न करने वाली ही बातें कहते थे—वे उसकी शक्तियों को बढ़ा-चढ़ाकर बताते, जोखिमों को कम करके दिखाते और उसे अजेय बताते थे। वे सत्य या विवेक से अधिक अपने व्यक्तिगत लाभ और कृपा को महत्व देते थे।

केवल कुछ ही लोग, जैसे मालयवान और विभीषण, साहसपूर्वक सत्य बोलने का साहस करते थे। उन्होंने रावण को चेतावनी दी कि सीता का अपहरण, श्री राम को कम आंकना और गठबंधनों की उपेक्षा करना विनाशकारी परिणाम ला सकता है। लेकिन उनकी आवाजें चापलूसी के शोर में दब गईं, और रावण, अपनी शक्ति के मद में और झूठी प्रशंसा से प्रभावित होकर, उनकी सलाह को अनसुना करता रहा।

इसके परिणाम अनिवार्य थे। ऐसे निर्णय, जो केवल प्रशंसा और बिना आलोचना के लिए गए थे, रावण के विवेक को भ्रमित करते गए। उसने श्री राम को कम आँका, अपनी कमजोरियों का गलत आकलन किया और अहंकार को अपनी रणनीति का आधार बना लिया। गलत सलाह और अतिआत्मविश्वास से पनपे पतन के बीज अंततः उसकी पराजय का कारण बने।

समकालीन परिप्रेक्ष्य

1. **जे.आर.डी. टाटा** एक ऐसे नेता थे जिन्होंने चापलूसी (sycophancy) को सख्ती से अस्वीकार किया और ईमानदार संवाद की संस्कृति बनाई। उनका विश्वास था कि सच्ची निष्ठा का अर्थ है—सत्य बोलने का साहस, चाहे वह कितना भी कठिन क्यों न हो। वे अपने प्रबंधकों से अक्सर कहते थे कि वे उन्हें हमेशा सच बताएं, भले ही वह असहज करने वाला हो। जब उनकी टीम ने शुरू में उनके नागरिक विमानन (civil aviation) में प्रवेश करने के साहसिक निर्णय का विरोध किया, तो टाटा ने उनकी असहमति को स्वीकार किया, खुलकर चर्चा की और अपनी रणनीति को और बेहतर बनाया। इस खुलेपन ने भारत की सबसे मजबूत कॉर्पोरेट संस्कृतियों में से एक को जन्म दिया, जहाँ स्वतंत्र सोच और विश्वास फलते-फूलते रहे।

2. **होमी जे. भाभा** ने भारत के परमाणु ऊर्जा कार्यक्रम का निर्माण एक ऐसी संस्कृति के माध्यम से किया जो चापलूसी के बजाय निर्भीक सत्य को महत्व देती थी। उन्होंने अपने आसपास भारत के सबसे प्रतिभाशाली वैज्ञानिकों को रखा और जानबूझकर "हाँ-में-हाँ मिलाने वालों" से दूरी बनाए रखी। भाभा नियमित रूप से विशेषज्ञों को आमंत्रित करते थे ताकि वे धारणाओं को चुनौती दें और विचारों की कठोर जांच (stress-test) करें, जिससे कार्यक्रम बौद्धिक कठोरता और सटीकता के साथ आगे बढ़ा।

3. 1940 में लंदन में ब्रिटेन पतन के कगार पर था। प्रधानमंत्री **विंस्टन चर्चिल** के आसपास कई लोग उन्हें खुश करने के लिए झूठी आशा दे सकते थे—"लुफ्टवाफे कमजोर है, युद्ध जल्द खत्म होगा, जीत निकट है।" लेकिन चर्चिल को किसी भी तरह की मीठी बातें नहीं चाहिए थीं। उन्होंने अपने जनरलों से कहा—"पहले मुझे बुरी खबर बताओ।" जब रिपोर्टों ने पुष्टि की कि फ्रांस गिर रहा है, हिटलर की सेनाएँ तेजी से आगे बढ़ रही हैं और ब्रिटेन की वायु रक्षा

कमजोर है, तो चर्चिल ने संदेशवाहकों को चुप नहीं कराया। इसके बजाय उन्होंने पूछा: "हमें इसे झेलने के लिए क्या करना होगा?" संसद के सामने खड़े होकर उन्होंने कहा: "मेरे पास देने के लिए खून, परिश्रम, आँसू और पसीने के अलावा कुछ नहीं है।" कोई चापलूसी नहीं, कोई भ्रम नहीं—सिर्फ कड़वा सत्य और उसका सामना करने का साहस। चर्चिल ने वह किया जो रावण नहीं कर सका—उन्होंने सत्य को सुना और उस पर कार्य किया।

4. **वॉरेन बफेट** का एक सुनहरा नियम है: "यदि आप मुझे यह नहीं बता सकते कि मैं कहाँ गलत हूँ, तो आप मेरे किसी काम के नहीं हैं।" वे चापलूसी से घृणा करते हैं। बर्कशायर हैथवे में प्रबंधकों को प्रशंसा के लिए नहीं, बल्कि ईमानदारी के लिए पुरस्कृत किया जाता है। स्वयं बफेट भी इसका उदाहरण हैं। वे अपनी गलतियों को खुलकर स्वीकार करते हैं, जैसे डेक्सटर शू में उनका असफल निवेश, और सबसे कठिन प्रश्नों का उत्तर विनम्रता और ईमानदारी से देते हैं। उन्होंने ऐसी संस्कृति बनाई है जहाँ सत्य को अहंकार से अधिक महत्व दिया जाता है। बफेट, श्री राम की तरह, समझते थे कि प्रशंसा से पोषित अहंकार खतरनाक होता है, लेकिन सत्य से पोषित बुद्धि अमूल्य होती है।

मुख्य निष्कर्ष

1. ईमानदार सलाह को महत्व देना

रावण ने विभीषण और मालयवान की सच्ची चेतावनियों को अनदेखा किया और अहंकार को अपने निर्णयों पर हावी होने दिया। जो नेता ईमानदार सलाह को स्वीकार करते हैं, वे "अदृश्य जोखिमों" से बचते हैं और अपने निर्णय लेने की क्षमता को मजबूत बनाते हैं।

2. चापलूसी और इको चैंबर से सावधान रहें

रावण अपने दरबार में ऐसे लोगों से घिरा था जो उसकी प्रशंसा करते थे, जिससे उसने झूठी बातों को सच मान लिया। नेतृत्व में यह आवश्यक है कि व्यक्ति "इको चैंबर" से बचे और विभिन्न विचारों को सुनने की आदत विकसित करे।

3. विवेक (Discernment) गलत निर्णयों से बचाता है

रावण सत्य और चापलूसी के बीच अंतर नहीं कर सका, जिससे उसने रणनीतिक गलतियाँ कीं। नेताओं को सही और गलत सलाह में अंतर करने की क्षमता विकसित करनी चाहिए और भ्रम के बजाय वास्तविकता पर आधारित निर्णय लेने चाहिए।

4. असहमति को स्वीकार करने का साहस

रावण ने असहज सच्चाइयों को दबा दिया, जिससे उसका शासन कमजोर हुआ। मजबूत नेता असहमति को सुनने का साहस दिखाते हैं और यह समझते हैं कि जवाबदेही कमजोरी नहीं, बल्कि शक्ति है।

अध्याय 28

नेता सदा व्यापक हित के लिए कार्य करता है

राज्यभारनियुक्तानामेष धर्मः सनातनः।
अधर्म्यां जहि काकुत्स्थ धर्मो ह्यस्यां न विद्यते ॥1.25.18॥

यह वही शाश्वत नियम है जो राज्य का भार वहन करने के लिए नियुक्त लोगों को बाँधता है। हे काकुत्स्थ! इसका वध करो—यह धर्म को नहीं जानती।

ऋषि विश्वामित्र ने राजा दशरथ से अनुरोध किया कि वे अपने पुत्र श्री राम और लक्ष्मण को उनके यज्ञ की रक्षा हेतु भेजें, जिसे राक्षस लगातार बाधित कर रहे थे।

वनों, नदियों, पर्वतों और अंधकारमय पथों से होकर गुजरते हुए, इस यात्रा में श्री राम ने नेतृत्व, रणनीति और नैतिक उत्तरदायित्व के गहन पाठ सीखे। हर चुनौती ने उनके साहस, धैर्य और धर्मपालन की परीक्षा ली, और उन्हें वह करने योग्य बनाया जिसके लिए वे जन्मे थे—एक आदर्श राजा और नेता।

इन्हीं घने, भयावह वनों में श्री राम और लक्ष्मण का सामना ताड़का से हुआ—एक राक्षसी जिसने स्त्रीत्व को त्यागकर भय, उत्पात और हिंसा का रूप धारण कर लिया था।

श्री राम जानते थे कि वह पूरे क्षेत्र के लिए संकट है, फिर भी वे संकोच में थे—एक स्त्री का वध करना उन्हें नैतिक रूप से असहज कर रहा था। तब ऋषि विश्वामित्र ने उन्हें नेताओं और शासकों के सनातन धर्म की याद दिलाई—जब किसी की दुष्टता समाज, व्यवस्था और निर्दोषों को नष्ट करती है, तो उसका दमन ही धर्म है।

श्री राम ने अपने अंदर के द्वन्द से ऊपर उठकर कर्तव्य, अनुशासन और साहस को चुना—और ताड़का का वध करके वनों में शांति और सुरक्षा पुनः स्थापित की।

उद्देश्य के साथ चुनौतियों का समाना करने से, न की आवेग में आकर, नेतृत्वकर्ता अपनी टीम की रक्षा करते हैं, विश्वास को मजबूत करते है और सतत विकास सुनिश्चित करते हैं। ताड़का का वध इस बात की पुष्टि करता है कि कभी कभी सही निर्णय सबसे कठिन होता है, लेकिन वही क्षण नेतृत्व को परिभाषित करते हैं।

समकालीन परिप्रेक्ष्य

1. ली कुआन यू - कठोर निर्णय से निर्मित राष्ट्र

जब १९६५ में सिंगापुर को स्वतंत्रता मिली, तब ली कुआन यू उनके प्रथम प्रधानमंत्री, यह समझते थे कि देश के अस्तित्व के लिए कठोर निर्णय और ढृढ़ता आवश्यक है। मंत्री या अधिकारी, चाहे कितने भी शक्तिशाली क्यों न हो, यदि दोषी पाए गए तो उन्हें बख्शा नहीं गया। उन्होंने आवास, स्वछता और अनुशासन के सम्बन्ध में सख्त कानून लागु किए, जिन्हे अक्सर तानाशाही कह कर आलोचना की गई। उन्होंने छात्र और यूनियन नेताओं को भी निष्काषित कर दिया, जब उन्हें लगा कि वे सिंगापुर की एकता के लिए खतरा है। ये कदम कठोर थे पर इन्हे व्यापक हित में उठाया गया। एक पीढ़ी के भीतर ही उनके निर्णयों के सकारात्मक परिणाम सामने आये।

2. अब्राहम लिंकन - कठिन निर्णय जिसने युद्ध की दिशा बदल दी।

अमरीकी गृहयुद्ध के दौरान, राष्ट्रपति अब्राहम लिंकन ने अपनी उम्मीदें जनरल जॉर्ज मकक्लेलन पर टिका रखी थी। वे प्रभावशाली थे, सैनिको के प्रिय थे और व्यक्तिगत रूप से लिंकन के करीबी थे। लेकिन मकक्लेलन की सबसे बड़ी कमज़ोरी थी उनके निर्णय न ले पानी की प्रवृत्ति। वे कॉन्फेडरेट से उलझने में झिझकते रहे , जिससे कीमती समय बर्बाद हुआ और यूनियन को नुकसान उठाना पड़ा। लिंकन इस निर्णय को लेकर संघर्ष करते रहे। भारी मन से उन्होंने मकक्लेलन को पद से हटा दिया और ऐसे जनरलों को नियुक्त किया जो साहसिक कदम उठाने के लिए तैयार थे। यह कष्टदायक निर्णय युद्ध कि दिशा बदलने में कारगर सिद्ध हुआ।

3. डॉ वर्गीज़ कुरियन - सत्य के लिए संघर्ष

स्वतंत्रता के बाद, डॉ वर्गीज कुरियन, जिन्हे भारत की श्वेत क्रांति का जनक भी कहा जाता है, ने "अमूल" को सहकारी सफलता का एक वैश्विक मॉडल के रूप में स्थापित किय। लेकिन यह यात्रा सरल नहीं थी। कई सहकारी नेताओं और अधिकारीयों ने व्यक्तिगत लाभ के लिए अपने अधिकारों का दुरूपयोग किया। कुरियन के सामने एक कठिन विकल्प था: शांति बनाये रखने के लिए गलत काम करने वालों को नजरअंदाज करें या ईमानदारी के लिए उनका सामना करें और विरोध का जोखिम उठाये। उन्होंने मुकाबला करने का विकल्प चुना।

समय समय पर उन्होंने उन व्यक्तियों को हटाया जो सहकारी मिशन के लिए खतरा थे, भले ही वे कितने ही प्रभावशाली क्यों न हो। परिणामस्वरूप भारत की श्वेत क्रांति को बड़ी सफलता मिली।

4. सरदार पटेल - कठिन, लेकिन राष्ट्र की एकता के लिए आवश्यक निर्णय।

स्वतंत्रता के कुछ महीनो बाद, अधिकांश रियासतों ने भारतीय संघ में विलय स्वीकार कर लिया, लेकिन हैदराबाद ने अपने निजाम के नेतृत्व में एकीकरण का विरोध किय। सरदार पटेल ने बातचीत का प्रयास किया, लेकिन निज़ाम की ज़िद और सशस्त्र लड़ाकू दलों ने नवगठित राष्ट्र की नाजुक एकता को खतरे में डाल दिय।।

ऐसे में पटेल ने एक कठिन निर्णय लेते हुए 'ऑपरेशन पोलो' नामक तेज सैन्य कार्यवाही की अनुमति दी, ताकि हैदराबाद का भारत में विलय किया जा सके। यह आसान निर्णय नहीं था-- अपने ही नागरिकों के खिलाफ बल प्रयोग करने से आलोचना और अशांति का खतरा था।

लेकिन पटेल का मानना था की भारत की स्थिरता उसकी एकता में ही निहित है। यह अभियान निर्णायक साबित हुआ और हैदराबाद का भारत में विलय हो गया। पटेल का यह कठिन निर्णय अंततः भारत की स्थिरता को बनाये रखने में महत्वपूर्ण साबित हुआ।

मुख्य निष्कर्ष

1. नेतृत्व के लिए व्यापक हित में कार्य करना आवश्यक है

नेतृत्वकर्ता अक्सर नैतिक दुविधाओं का सामना करते हैं, लेकिन व्यापक हित को प्राथमिकता देनी चाहिए। सुविधा से अधिक समुदाय के कल्याण को महत्व देना विश्वास को मजबूत करता है। ऐसे निर्णय जिम्मेदारी के उदाहरण स्थापित करते हैं। नेतृत्व का माप त्याग से होता है; सच्चे नेतृत्वकर्ता केवल अपने लिए नहीं, बल्कि सभी के लिए कार्य करते हैं।

2. नेतृत्व के लिए साहस अनिवार्य है

कठिन निर्णय अक्सर असहज होते हैं, फिर भी यही निर्णय विश्वसनीयता को आकार देते हैं। सहास मूल्यों के प्रति प्रतिबद्धता को साबित करता है। इसके बिना, अधिकार कमजोर पड़ जाता है। नेतृत्वकर्ता दृढ़ खड़े होकर प्रेरणा देते हैं। साहस नेतृत्व की रीढ़ है।

3. सहानुभूति और जवाबदेही का संतुलन बनाए रखना

अत्यधिक उदारता जिम्मेदारी को कमजोर कर देती है। अत्यधिक कठोरता विश्वास को समाप्त कर देती है। संतुलन न्याय को बढ़ावा देता है। नेतृत्वकर्ताओं को मानवीय संवेदनशीलता के साथ दृढ़ता भी दिखानी चाहिए। जब सहानुभूति को जवाबदेही के साथ जोड़ा जाता है, तो इसका प्रभाव गहरा होता है।

4. निर्णायक कार्रवाई संगठनात्मक स्थिरता सुनिश्चित करती है।

नेत्रत्वकर्ताओं को तुरंत कार्रवाई करके विश्वसनीयता मिलती है। समय पर लिए गए निर्णय अनुयायियों को आश्वस्त करते हैं। हिचकिचाहट विश्वास को कमजोर करती है। निर्णयात्मकता व्यवस्था और स्थिरता बनाती है। प्रभावी नेतृत्व के लिए स्पष्टता के साथ समय पर कार्रवाई करना आवश्यक है।

5. सच्चा नेतृत्व अभियान को व्यक्तिगत सुविधा से ऊपर प्राथमिकता देता है।

संकोच से पहले कर्तव्य होता है। मिशन की सेवा करने वाले नेत्रत्वकर्ता विश्वास जगाते हैं। अपने स्वार्थ से ऊपर लक्ष्यों को प्राथमिकता देना निष्ठा को मजबूत करता है। आराम क्षणिक है; मिशन स्थायी। सच्चा नेतृत्व स्वार्थ से पहले उद्देश्य को महत्व देता है।

अध्याय 29

नेता सदैव अधिकतम प्रभाव और न्यूनतम प्रयास के सिद्धांत पर कार्य करता है

कच्चिदर्थं विनिश्चित्य लघुमूलं महोदयम्।
क्षिप्रमारभसे कर्तुं न दीर्घयसि राघव ।।2.100.19।।

हे भरत! ऐसे कार्य का चयन करो, जिसमें कम प्रयास लगे और महान फल प्राप्त हो; उसे बिना विलंब शीघ्र प्रारंभ करो।

अयोध्या से श्री राम के चौदह वर्ष के वनवास के दौरान, राज्य अनिश्चितता से घिरा हुआ था, और राजपरिवार को अत्यंत विवेक तथा दूरदर्शिता के साथ कार्यों का प्रबंधन करना पड़ रहा था। श्री राम के छोटे भाई भरत अयोध्या में ही रहे और उन्हें श्री राम की अनुपस्थिति में राज्य की अखंडता बनाए रखने की जिम्मेदारी सौंपी गई। श्री राम ने भरत को सलाह दी कि वे प्रत्येक परियोजना के संभावित प्रभाव का मूल्यांकन करें, सबसे मूल्यवान अवसरों की पहचान करें, और उन पर तुरंत कार्य करें। त्वरित कार्रवाई के बिना रणनीतिक समझ अधूरी होती है—विलंब से अवसर हाथ से निकल सकते हैं, गति कम हो सकती है और संसाधनों की बर्बादी हो सकती है।

यह शिक्षा आधुनिक संगठनों के संदर्भ में भी समान रूप से लागू होती है। आज के नेताओं को "लो-हैंगिंग फ्रूट" अर्थात ऐसे कार्यों या परियोजनाओं की पहचान करनी चाहिए, जो कम समय, प्रयास या संसाधनों में बड़े परिणाम दे सकें। त्वरित निष्पादन से संगठन इन अवसरों का पूरा लाभ उठा पाते हैं, अधिकतम परिणाम प्राप्त करते हैं और अपने संसाधनों को अन्य रणनीतिक प्राथमिकताओं के लिए सुरक्षित रखते हैं। इसके साथ ही, ऐसी कार्य-संस्कृति विकसित करना, जिसमें टीमों को मूल्यांकन,

प्राथमिकता निर्धारण और निर्णायक कार्रवाई के लिए प्रोत्साहित किया जाए, संगठन में चुस्ती, जवाबदेही और लचीलापन विकसित करता है।

जिस प्रकार भरत को श्री राम द्वारा उच्च प्रभाव वाले कार्यों पर निर्णायक रूप से कार्य करने का मार्गदर्शन दिया गया, उसी प्रकार आज के नेता भी यदि रणनीतिक समझ को तेज निष्पादन के साथ जोड़ दें, तो वे अपने संगठनों को आगे बढ़ा सकते हैं। वे संसाधनों का संरक्षण करते हैं, सार्थक परिणाम उत्पन्न करते हैं और ऐसी संस्कृति का निर्माण करते हैं, जिसमें रणनीतिक सोच और समय पर कार्रवाई एक-दूसरे से गहराई से जुड़ी होती हैं।

समकालीन परिप्रेक्ष्य

1. भारत में डिजिटल भुगतान के शुरुआती दिनों में, यह कल्पना करना स्वाभाविक था कि प्रगति महंगी कार्ड मशीनों या उन्नत हार्डवेयर के माध्यम से होगी। लेकिन इसके बजाय क्रांति एक छोटे से कागज़ पर छपे वर्गाकार चिन्ह—क्यूआर कोड—के रूप में आई। दुकानदारों के लिए यह केवल काउंटर पर रखा एक छोटा-सा प्लेकार्ड था, और ग्राहकों के लिए स्मार्टफोन से एक त्वरित स्कैन का अर्थ था तुरंत भुगतान। इस साधारण नवाचार की लागत नगण्य थी, लेकिन इसका प्रभाव विशाल था।

2. जब भी हम भारतीय रेल में सुधार के बारे में सोचते हैं, तो हमारे मन में बुलेट ट्रेनों और आधुनिक स्टेशनों की छवि उभरती है। फिर भी, सबसे प्रभावशाली परिवर्तनों में से एक आश्चर्यजनक रूप से सरल था—पुराने बल्बों को एलईडी से बदलना। प्रत्येक परिवर्तन की लागत सीमित थी, लेकिन ऊर्जा की बचत हर वर्ष सैकड़ों करोड़ तक पहुँची। रखरखाव लागत में कमी आई, दक्षता बढ़ी, और पर्यावरणीय प्रभाव घटा।

3. युद्धोत्तर जापान में, Toyota को शक्तिशाली अमेरिकी ऑटोमोबाइल कंपनियों से कड़ी प्रतिस्पर्धा का सामना करना पड़ा। बड़े पैमाने पर तकनीकी निवेश के लिए पूंजी की कमी के कारण, टोयोटा ने सरल नवाचारों की खोज के लिए संगठन के भीतर की ओर ध्यान दिया, जो बड़े परिणाम दे सकें। ऐसा ही एक नवाचार था "एंडन कॉर्ड", जिसने उत्पादन स्थल पर किसी भी कर्मचारी को यह अधिकार दिया कि वह किसी दोष को देखते ही उत्पादन रोक सके, ताकि समस्या को उसकी जड़ से ठीक किया जा सके। इस प्रणाली को लागू करने की लागत लगभग नगण्य थी, लेकिन इसने टोयोटा की गुणवत्ता और दक्षता को पूरी तरह बदल दिया।

4. जब Netflix ने "स्किप इंट्रो" बटन जोड़ा, तो यह एक छोटा-सा परिवर्तन प्रतीत हुआ। इसकी इंजीनियरिंग सरल थी और लागत न्यूनतम। फिर भी, दर्शकों के लिए इसने उनके अनुभव को बदल दिया। अब उन्हें हर एपिसोड की शुरुआत में क्रेडिट्स देखने के लिए बाध्य नहीं होना पड़ता था, जिससे उन्हें नियंत्रण का अनुभव हुआ। सहभागिता बढ़ी, बिंज-वॉचिंग (अविराम एक के बाद एक एपिसोड देखना) अधिक सहज हो गई, और यह फीचर एक सांस्कृतिक चर्चा का विषय बन गया।

   सनातन सत्य यह है कि गति त्वरित उपलब्धियों से शुरू होती है। एक विवेकशील नेता जानता है कि सबसे बड़ी प्रगति अक्सर सबसे सरल कार्यों में छिपी होती है।

मुख्य निष्कर्ष

1. उच्च-प्रभाव वाले कार्यों को प्राथमिकता दें।

नेताओं को हमेशा उच्च-मूल्य वाले अवसरों की पहचान करनी चाहिए जो अधिकतम परिणाम ला सकें। प्रयासों को बहुत बिखेरने से प्रभाव कमजोर होता है और दक्षता कम होती है। केवल उन चीज़ों पर ध्यान केंद्रित करके जो वास्तव में महत्वपूर्ण हैं, प्रगति टिकाऊ बनती है। प्राथमिकताओं की स्पष्टता दृष्टि और निष्पादन दोनों को मजबूत करती है। सच्चा नेतृत्व वह है जो अपनी ऊर्जा को वहीं निर्देशित करता है जहाँ इसका सबसे अधिक महत्व हो।

2. रणनीतिक मूल्यांकन आवश्यक है।

नेतृत्वकर्ता जो अपने विकल्पों का सावधानीपूर्वक मूल्यांकन करते हैं, वे ऊर्जा की बर्बादी और कमजोर परिणामों से बचते हैं। रणनीतिक दूरदर्शिता यह सुनिश्चित करती है कि संसाधन सार्थक लक्ष्यों पर निर्देशित हों, न कि भटकाव पर। शासन में यह अनुशासन संगठन में लचीलापन और स्थिरता पैदा करता है। जल्दबाजी में लिए गए निर्णय अक्सर नेतृत्व और विश्वास को कमजोर कर देते हैं। मूल्यांकन नेतृत्वकर्ताओं को छिपे हुए जोखिम और जोखिमों से भी बचाता है। सही निर्णय यह सुनिश्चित करता है कि हर कदम मिशन का प्रभावी समर्थन करे।

3. समय पर कार्रवाई से परिणाम बढ़ते हैं।

नेताओं को स्पष्टता मिलने के बाद तुरंत कार्य करना चाहिए। त्वरित कार्रवाई उद्देश्य को दर्शाती है, आत्मविश्वास बढ़ाती है और अधिकार को मजबूत करती है। लंबे समय तक इंतजार करने से अस्थिरता और संदेह पैदा हो सकता है।

4. संसाधनों का अनुकूलन दक्षता बढ़ाता है।

नेतृत्वकर्ताओं को सीखना चाहिए कि वे बर्बादी को कम करें और अत्यधिक विस्तार से बचें। संसाधनों का उचित आवंटन लचीलापन और दीर्घकालिक परिणामों को मजबूत करता है। छोटे सुधार भी बड़े लाभ पैदा कर सकते हैं। एक नेतृत्वकर्ता की दक्षता पूरे संगठन के लिए दिशा तय करती है।

अध्याय 30

नेता सदैव अपनी रणनीतिक योजनाओं का संरक्षण करता है

कच्चचित्तु सच्चचित्तु कृतान्ययेव कृतरूपाणि वा पनः।
विदस्तु ते सर्वकार्याणि न कर्तव्ययानी पार्थथिवाः।2.100.20)

मुझे यह सुनिश्चित करना चाहिए कि अन्य राजा आपके प्रयासों के बारे में तभी जानें जब वे सफल हो जाएँ या सफलता के निकट हों। मुझे आशा है कि भविष्य में किए जाने वाले प्रयासों का रहस्य उन्हें पहले से ज्ञात न हो।

रामायण में, जब श्री राम भरत को उपदेश देते हैं, तो वे इस सिद्धांत पर जोर देते हैं कि शासन और राज्य संचालन के कुछ मामलों को अत्यंत गोपनीयता के साथ संभालना चाहिए। श्री राम की यह सलाह नेतृत्व के एक महत्वपूर्ण आयाम को उजागर करती है: **योजनाओं को तब तक सुरक्षित रखना जब तक वे निष्पादन के लिए पूरी तरह परिपक्व न हो जाएँ,** ताकि विरोधी इस जानकारी का फायदा न उठा सकें।

साथ ही, गोपनीयता केवल रहस्य बनाए रखने तक सीमित नहीं है — यह **समय और विवेक (timing and discretion)** की कला है। नेताओं को यह समझना चाहिए कि योजनाएँ कब साझा की जाएँ, ताकि आंतरिक समन्वय बना रहे और बाहरी गोपनीयता भी सुनिश्चित हो।

तकनीक, फार्मास्यूटिकल या उपभोक्ता उत्पादों जैसे क्षेत्रों में, सावधानीपूर्वक सुरक्षित रखी गई रणनीतियाँ तय करती हैं कि कोई संगठन **अग्रदूत (pioneer)** बनेगा या **अनुकरणकर्ता (imitator)** बनकर पीछे रह जाएगा।

समकालीन परिप्रेक्ष्य

1. एप्पल

एप्पल अपनी उत्पाद योजनाओं की कठोर सुरक्षा करता है और केवल तैयार उत्पाद को ही लॉन्च पर प्रदर्शित करता है। कर्मचारी सख्त गोपनीयता का पालन करते हैं, सप्लायर्स को केवल अंशतः जानकारी होती है, और सूचना का रिसाव लगभग नहीं होता। जब नया iPhone लॉन्च होता है, प्रतियोगी केवल तैयार उत्पाद का पीछा करते हैं और नवाचारों का पूर्वाभास नहीं कर पाते।

2. रिलायंस जियो

रिलायंस ने वर्षों में अपनी दूरसंचार अवसंरचना चुपचाप तैयार की। मुफ्त डेटा ऑफ़र के साथ इसके धमाकेदार लॉन्च ने दूरसंचार क्षेत्र को हिला कर रख दिया। जब तक प्रतियोगी प्रतिक्रिया देते, Jio ने पहले ही पूरे उद्योग का स्वरूप बदल दिया था।

3. अमेज़न वेब सर्विसेज़ (ए डब्ल्यू एस)

ए डब्ल्यू एस को गोपनीयता में विकसित और परिपक्व किया गया। इसका अचानक लॉन्च उद्योग में हलचल मचा गया और इससे **ए डब्ल्यू एस** को प्रतिस्पर्धियों पर निर्णायक **फर्स्ट मूवर एडवांटेज** मिला। प्रतियोगियों को केवल लॉन्च के बाद एहसास हुआ कि कंप्यूटिंग में एक नया युग शुरू हो गया है।

4. भारत की नोटबंदी

भारत का नोटबंदी कार्यक्रम अत्यंत गोपनीयता में योजनाबद्ध किया गया था। यहां तक कि वरिष्ठ मंत्री और बैंकर्स भी प्रधानमंत्री की घोषणा तक अनजान थे। इस घटना ने दिखाया कि निर्णय लेने में गोपनीयता लीक को रोक सकती है, आश्चर्य सुनिश्चित कर सकती है और स्थायी प्रभाव पैदा कर सकती है।

5. **सैमसंग**

सैमसंग ने भी गोपनीयता का महत्व सीखा। इसका फोल्डेबल फोन सख्त **एनडीए (Non-Disclosure Agreements)** के तहत विकसित किया गया। हालांकि पहले लॉन्च में कुछ समस्याएँ आईं, लेकिन गोपनीयता ने यह सुनिश्चित किया कि प्रतियोगी **सैमसंग** से पहले फोल्डेबल फोन लॉन्च न कर सकें।

मुख्य निष्कर्ष

1. नेताओं को रणनीतिक योजनाओं की सुरक्षा करनी चाहिए।

गोपनीयता योजनाओं को विरोधियों से सुरक्षित रखती है और उन्हें सही समय पर निष्पादित करने में मदद करती है। नेताओं को महत्वपूर्ण जानकारी को तब तक सुरक्षित रखना चाहिए जब तक कार्रवाई के लिए तैयार न हो। विवेकपूर्ण गोपनीयता स्थिरता और अधिकार बनाए रखती है। रणनीतिक गोपनीयता केवल बचाव नहीं, बल्कि बुद्धिमत्ता है। दृष्टि की सुरक्षा करना नेता की जिम्मेदारी है।

2. गोपनीयता प्रतिस्पर्धात्मक बढ़त को सुरक्षित रखती है।

यह नेतृत्व में विश्वास और विश्वसनीयता बनाती है। यह सुनिश्चित करती है कि कार्य अधिकतम प्रभाव के साथ संपन्न हों। रणनीतिक मौन अक्सर जल्दी साझा करने से अधिक प्रभावी होता है। सच्चे नेता जानते हैं कि कब योजना को सुरक्षित रखना है और कब साझा करना है।

3. कार्यान्वयन में समय निर्धारण महत्वपूर्ण है।

निष्पादन तभी करना चाहिए जब योजना पूरी तरह परिपक्व हो और प्रभाव स्पष्ट हो। बहुत जल्दी कार्रवाई प्रयास का अपव्यय करती है; बहुत देर से कार्रवाई गति खो देती है। सफलता अनुशासित समय निर्धारण पर निर्भर करती है। नेता अपने अधिकार को सही समय पर कार्रवाई करके मजबूत करते हैं।

4. योजनाओं की सुरक्षा के लिए संरचनात्मक तंत्र आवश्यक हैं।

श्री राम ने सिखाया कि गोपनीयता को व्यवस्थाओं और प्रक्रियाओं के द्वारा समर्थन मिलना चाहिए। निर्धारित प्रक्रिया यह तय करती है कि कौन संवेदनशील जानकारी तक पहुँच सकता है। सही संरचनाएँ सूचना के रिसाव और जानकारी के दुरुपयोग को रोकती हैं। गोपनीयता सक्रिय अभ्यास है, न कि केवल निष्क्रिय मौन।

अध्याय 31

नेतृत्वकर्ता सदैव सुनिश्चित करता है कि दंड अपराध के अनुरूप हो

कच्चिन्नोग्रेण दण्डेन भृशमुद्वेजितप्रजम्।
राष्ट्रं तवानजानन्ति मन्त्रिणः कैकयीसुत ॥ 2.100.27॥

क्या तुम्हारे राज्य की प्रजा अत्यधिक दंड दिए जाने से व्यथित नहीं हो रही है? क्या वे तुम्हारे मंत्रियों को इसके लिए दोषी नहीं ठहरा रहे हैं?

वनवास के समय, जब श्री राम अपने छोटे भाई भरत को मार्गदर्शन दे रहे थे, तब वे केवल शासन और प्रशासन की बात नहीं कर रहे थे, बल्कि न्याय के गहरे सिद्धांतों पर भी प्रकाश डाल रहे थे। राजा दशरथ के देहांत के बाद अयोध्या अशांति से गुजर रही थी, और श्री राम चाहते थे कि उनकी अनुपस्थिति में भरत न्याय, विवेक और करुणा के साथ राज्य का संचालन करें।

श्री राम ने भरत को आनुपातिक दंड (proportionate punishment) के महत्व के बारे में चेताया। उन्होंने समझाया कि छोटी गलतियों पर कठोर दंड देने से प्रजा में भय उत्पन्न हो सकता है, प्रजा विमुख हो सकती हैं और राज्य की स्थिरता भी खतरे में पड़ सकती है। इसलिए न्याय हमेशा संतुलित होना चाहिए—जहाँ आवश्यकता हो वहाँ सुधारात्मक, लेकिन कभी भी क्रूर या अत्यधिक नहीं।

यह शिक्षा श्री राम के राजधर्म की उस दृष्टि को दर्शाती है, जिसमें राज्य में अनुशासन भय से नहीं, बल्कि न्याय और निष्पक्षता से स्थापित होता है।

समकालीन परिप्रेक्ष्य

1. वर्ष 2018 में, स्टारबक्स एक बड़े संकट में फँस गया, जब फिलाडेल्फिया के एक स्टोर में दो अश्वेत पुरुषों को अपने मित्र का इंतज़ार करते समय गिरफ्तार कर लिया गया। इस घटना का वीडियो सामने आने पर नस्ल आधारित भेदभाव को लेकर पूरे देश में आक्रोश फैल गया। कार्यकारी अध्यक्ष के रूप में, हावर्ड शुल्ट्ज़ ने संबंधित कर्मचारियों पर तुरंत कठोर दंड नहीं लगाया। इसके बजाय, उन्होंने यह समझा कि समस्या केवल व्यक्तिगत गलती नहीं, बल्कि व्यापक प्रणालीगत पूर्वाग्रहों से जुड़ी हुई है। शुल्ट्ज़ ने स्टारबक्स की ओर से पूरी जिम्मेदारी ली और इस घटना को "निंदनीय" बताया।

2. वर्ष 1979 में, भारत के एसएलवी-3 रॉकेट का प्रक्षेपण उड़ान भरने के तुरंत बाद विफल हो गया। परियोजना निदेशक के रूप में डॉ. ए. पी. जे. अब्दुल कलाम के पास अपनी वैज्ञानिक टीम को दोष देने के पर्याप्त कारण थे। लेकिन जब प्रेस जवाब मांगने के लिए इकट्ठा हुई, तो कलाम आगे आए और उन्होंने इस असफलता की व्यक्तिगत जिम्मेदारी ली। इसका उल्टा दृश्य भी उतना ही प्रभावशाली था—एक वर्ष बाद, जब मिशन सफल हुआ, तो प्रधानमंत्री इंदिरा गांधी ने कलाम को प्रेस से मिलने के लिए आमंत्रित किया। लेकिन इस बार उन्होंने स्वयं पीछे हटकर अपनी टीम के वैज्ञानिकों को सामने आने का अवसर दिया। कलाम ने इसरो में साहस और नवाचार की संस्कृति विकसित की। वैज्ञानिकों को प्रयोग करने में सुरक्षा का अनुभव होता था, क्योंकि उन्हें विश्वास था कि उनका नेता उन्हें कठोर परिणामों से बचाएगा। यही निष्पक्षता आगे चलकर भारत की अंतरिक्ष उपलब्धियों—जैसे चंद्रयान और मंगलयान—की मजबूत नींव बनी।

3. जब मैरी बारा जनरल मोटर्स (GM) की CEO बनीं, तब कंपनी अपने इतिहास के सबसे गंभीर संकट—इग्निशन स्विच घोटाले—का सामना कर रही थी, जिसने कई दुर्घटनाओं और मौतों को जन्म दिया था। उन्होंने अंधाधुंध दंड देने के बजाय संतुलित दृष्टिकोण अपनाया। जिन कर्मचारियों ने जानबूझकर सुरक्षा संबंधी जानकारी छिपाई थी, उन्हें अनुशासित किया गया या कंपनी से बाहर कर दिया गया। मनोवैज्ञानिक सुरक्षा का वातावरण बनाकर, उन्होंने GM के भीतर विश्वास को फिर से स्थापित किया और कंपनी को ऐसी संस्था के रूप में पुनः स्थापित किया, जो जवाबदेही और निष्पक्षता—दोनों को महत्व देती है।

मुख्य निष्कर्ष

1. दंड अपराध के अनुपात में होना चाहिए

श्री राम ने भरत को समझाया कि न्याय हमेशा अपराध की गंभीरता के अनुरूप होना चाहिए। छोटी गलतियों पर कठोर दंड देने से भय फैलता है, लोग विमुख हो सकते हैं और व्यवस्था कमजोर हो सकती है। संतुलित न्याय, शासन में विश्वास पैदा करता है और समाज में स्थिरता बनाए रखता है। सच्चा नेतृत्व भय नहीं, बल्कि तर्क के आधार पर सुधार करता है।

2. न्याय और करुणा के बीच संतुलन आवश्यक है

केवल अनुशासन कठोरता पैदा करता है, जबकि अत्यधिक उदारता व्यवस्था को कमजोर कर देती है। नेताओं को दृढ़ता और मानवीयता के बीच संतुलन रखना चाहिए, ताकि निष्पक्षता भी बनी रहे और लोगों का मनोबल भी सुरक्षित रहे। करुणा के साथ दिया गया न्याय लोगों को सम्मान और मूल्य का अनुभव कराता है, जिससे निष्ठा और प्रेरणा बढ़ती है।

3. न्यायपूर्ण दंड विश्वास और स्थिरता को मजबूत करता है

निष्पक्षता सामाजिक एकता को बढ़ाती है और जिम्मेदारी की भावना विकसित करती है। जो नेता विवेकपूर्ण न्याय लागू करते हैं, वे विश्वास और निष्ठा अर्जित करते हैं। संतुलित अनुशासन टीमों और समुदायों में एकता को मजबूत करता है। जब नियम समान रूप से लागू होते हैं, तभी विश्वास बढ़ता है और स्थिरता स्थापित होती है।

अध्याय 32

एक नेता शीर्ष स्तर पर गुणवत्ता को सदैव संख्या से अधिक महत्व देता है

एकोऽप्यमात्यो मेधावी शूरो दक्षो विचक्षणः।
राजानं राजपुत्रं वा प्रापयेत् महतीं श्रियम् ॥ 2.100.24॥

यदि कोई एक भी मंत्री विवेकशील, साहसी, दक्ष और दूरदर्शी हो, तो वह राजा या राजकुमार को महान समृद्धि तक पहुँचा सकता है।

यह श्लोक एक शाश्वत सिद्धांत को दर्शाता है: भले ही हजारों कम दक्ष लोग मिलकर भी सीमित उपलब्धियाँ हासिल करें, लेकिन एक ही बुद्धिमान, साहसी और सक्षम व्यक्ति महान कार्य कर सकता है। श्री राम की यह विचारधारा इस बात पर जोर देती है कि उच्च स्तर पर गुणवत्ता, बुद्धिमत्ता और कौशल, केवल संख्या से कहीं अधिक महत्वपूर्ण हैं, विशेषकर तब जब निर्णय उच्च जोखिम वाले हों।

यह सिद्धांत आधुनिक संगठनों में भी अत्यंत प्रासंगिक है। आज, नेतृत्वकर्ताओं को लघु किन्तु उच्च-गुणवत्ता वाले वरिष्ठ प्रबंधन दल बनाने पर ध्यान देना चाहिए, जहाँ प्रत्येक सदस्य के पास विशेषज्ञता, रणनीतिक दृष्टि और जटिल चुनौतियों से निपटने की क्षमता हो। सफलता नेताओं की संख्या से नहीं, बल्कि उनकी स्पष्ट सोच, निर्णायक कार्रवाई और अनिश्चित परिस्थितियों में संगठन का मार्गदर्शन करने की क्षमता से सुनिश्चित होती है।

समकालीन परिप्रेक्ष्य

1. स्टीव जॉब्स का दृढ़ विश्वास था कि कुछ उत्कृष्ट (A-players) लोग, कम सक्षम (B और C) लोगों की बड़ी संख्या से अधिक प्रभावी हो सकते हैं। iMac, iPod और iPhone जैसे उत्पाद बड़े समितियों द्वारा नहीं, बल्कि छोटे, अत्यंत प्रतिभाशाली और केंद्रित समूहों द्वारा बनाए गए, जिन्हें बिना समझौता किए नवाचार करने की स्वतंत्रता दी गई थी।

2. जेफ बेज़ोस ने इस सिद्धांत को "टू-पिज़्ज़ा नियम" के माध्यम से संस्थागत रूप दिया: कोई भी टीम इतनी बड़ी नहीं होनी चाहिए कि दो पिज़्ज़ा सभी को खिलाने के लिए पर्याप्त न हों। इससे टीमों का आकार 10 से कम रखा गया, जिससे गति, स्वामित्व और जवाबदेही सुनिश्चित हुई। कार्यकारी स्तर पर भी छोटी और सशक्त S-टीम ने AWS, लॉजिस्टिक्स और ई-कॉमर्स जैसे क्षेत्रों में महत्वपूर्ण निर्णय लिए। सक्षम और केंद्रित छोटी टीमें अरबों डॉलर के परिणाम उत्पन्न कर सकती हैं।

3. गूगल के उदय के समय वास्तविक शक्ति हजारों प्रबंधकों में नहीं, बल्कि एक छोटे शीर्ष नेतृत्व समूह में निहित थी। लैरी पेज और सर्गेई ब्रिन ने उत्पाद और दृष्टि का नेतृत्व किया, जबकि एरिक शिमट ने शासन और संरचना को संभाला। यह "छोटा लेकिन शक्तिशाली" नेतृत्व केंद्र गूगल को एक वैश्विक ताकत बनाने में निर्णायक रहा।

4. जब इंटेल मेमोरी-चिप संकट का सामना कर रहा था, तब एंडी ग्रोव ने एक छोटे आंतरिक नेतृत्व समूह पर भरोसा करते हुए कंपनी को माइक्रोप्रोसेसरों की दिशा में मोड़ दिया। उस छोटे समूह के निर्णय ने इंटेल को एक वैश्विक तकनीकी दिग्गज में बदल दिया।

मुख्य निष्कर्ष

1. नेतृत्व की गुणवत्ता संख्या से अधिक महत्वपूर्ण है

उच्च स्तर पर क्षमता, बुद्धिमत्ता और साहस परिणामों को निर्धारित करते हैं। कुछ सक्षम व्यक्ति ही बड़ी टीमों का मार्गदर्शन कर सकते हैं। किसी संगठन की शक्ति उसके नेतृत्व की गुणवत्ता पर निर्भर करती है।

2. सक्षम नेतृत्व निर्णायक निर्णयों को प्रभावी बनाता है

स्पष्ट सोच और साहस रखने वाले नेता स्थिरता और सही दिशा सुनिश्चित करते हैं। महत्वपूर्ण निर्णय तभी प्रभावी होते हैं जब उन्हें सक्षम और विवेकपूर्ण नेतृत्व द्वारा लिया जाए। शीर्ष स्तर पर सक्षम नेतृत्व पूरे संगठन में विश्वास और परिणामों को आकार देता है।

3. छोटी, कुशल टीमें संगठन की गतिशीलता बढ़ाती हैं

प्रभावी शासन तभी संभव है जब योग्य लोगों को निर्णय लेने की स्वतंत्रता दी जाए। इससे गति, अनुकूलन क्षमता और जवाबदेही बढ़ती है। छोटी और सक्षम टीमें फोकस और दक्षता को मजबूत करती हैं। संगठन की चुस्ती आकार से नहीं, बल्कि क्षमता से आती है।

अध्याय 33

एक नेता सदैव महत्वपूर्ण पदों के लिए टीम का चयन अत्यंत सावधानी से करता है

अमात्याननुपधातीतान् पितृपैतामहान् शुचीन्।
श्रेष्ठांश्च श्रेष्ठेषु कुर्वीत नियोजयन् कर्मसु ॥ 2.100.26॥

राजा को ऐसे मंत्रियों का चयन करना चाहिए जो लोभ से मुक्त,
अपने कर्तव्य में दृढ़, शुद्ध आचरण वाले, सत्यनिष्ठ,
अनुशासित और अपने कार्य में दक्ष हों।

यह श्लोक इस सिद्धांत को उजागर करता है कि नेताओं को ऐसे मंत्रियों और मुख्य टीम के सदस्यों की नियुक्ति करनी चाहिए, जिनमें केवल ज्ञान और कौशल ही नहीं, बल्कि नैतिकता, श्रेष्ठ वंश परंपरा, चरित्र, सद्गुण और उत्कृष्ट आचरण की प्रतिष्ठा भी हो।

श्री राम का यह मार्गदर्शन स्पष्ट करता है कि किसी भी राज्य या संगठन की सफलता मूल रूप से उन लोगों की क्षमता और चरित्र पर निर्भर करती है, जिन्हें जिम्मेदारी सौंपी जाती है।

श्री राम की भरत को दी गई सलाह उनके दूरदर्शी नेतृत्व को दर्शाती है। मंत्रियों और प्रमुख अधिकारियों का चयन उनकी क्षमताओं, उनके पूर्व आचरण और उनकी भूमिका के अनुरूप उपयुक्तता को ध्यान में रखकर सावधानीपूर्वक किया जाना चाहिए।

इसी सिद्धांत ने सुनिश्चित किया कि शासन, उनकी अनुपस्थिति में भी, न्यायपूर्ण, कुशल और सुदृढ़ बना रहे।

समकालीन परिप्रेक्ष्य

1. जब 2014 में सत्य नडेला माइक्रोसॉफ्ट के CEO बने, तो उनकी प्राथमिकता शीर्ष स्तर पर नेतृत्व को पुनर्जीवित करना था। उन्होंने वरिष्ठ प्रबंधन में फेरबदल किया और यह सुनिश्चित किया कि महत्वपूर्ण पदों पर ऐसे लोग हों जिनमें विशेषज्ञता के साथ-साथ उनकी दृष्टि के साथ तालमेल भी हो। एमी हुड (CFO) ने लिंक्डइन और गिटहब जैसे परिवर्तनकारी अधिग्रहणों में मार्गदर्शन किया। स्कॉट गुथरी (क्लाउड एवं AI) ने Azure को एक वैश्विक नेतृत्वकर्ता के रूप में विकसित किया। कैथलीन होगन (HR) ने माइक्रोसॉफ्ट की संस्कृति को सहयोग और विकास को बढ़ावा देने वाली संस्कृति में बदल दिया। ये केवल सामान्य नियुक्तियाँ नहीं थीं, बल्कि सही लोगों को सही भूमिकाओं में रखने के रणनीतिक निर्णय थे।

2. इसके विपरीत, एनरॉन खराब नेतृत्व चयन का एक चेतावनीपूर्ण उदाहरण बन गया। कंपनी ने ऐसे आक्रामक सौदाकर्ताओं को बढ़ावा दिया जो हर कीमत पर लाभ के पीछे भागते थे और उन आवाज़ों को किनारे कर दिया जो सावधानी और संतुलन की बात करती थीं। अल्पकालिक सफलता के लिए चुने गए नेता नैतिक आधार से वंचित थे, और अंततः 2001 में पूरी संरचना ढह गई, जिससे शेयरधारकों का भारी नुकसान हुआ।

मुख्य निष्कर्ष

1. नेतृत्व टीम की गुणवत्ता पर निर्भर करता है

सुशासन तभी फलता-फूलता है जब जिम्मेदारी सही लोगों को सौंपी जाती है। सक्षम टीमें नेता की दृष्टि को और अधिक प्रभावशाली बना देती हैं। इसके विपरीत, लापरवाह नियुक्तियाँ विश्वास और परिणामों दोनों को कमजोर कर देती हैं। अंततः लोगों की गुणवत्ता ही नेतृत्व की गुणवत्ता निर्धारित करती है।

2. नेताओं की नियुक्ति में दूरदर्शिता आवश्यक है

प्रभावी नेतृत्व जिम्मेदारी सौंपने से पहले भविष्य की चुनौतियों का आकलन करता है। सही समय पर सही तैयारी करने से अव्यवस्था टलती है और विश्वास बढ़ता है। दूरदर्शिता के साथ की गई नियुक्तियाँ शासन को अधिक स्थिर और लचीला बनाती हैं। जबकि अल्पदृष्टि से किए गए निर्णय सुविधा तो दे सकते हैं, लेकिन दीर्घकालिक स्थिरता को कमजोर करते हैं। जो नेता चयन में आगे की सोच रखते हैं, वे लोगों और संस्थाओं—दोनों को मजबूत बनाते हैं।

3. ईमानदारी और क्षमता अनिवार्य गुण हैं

सच्ची प्रभावशीलता तभी आती है जब ईमानदारी और क्षमता साथ-साथ हों। दोनों ही स्थिरता और विश्वास के लिए आवश्यक हैं। ईमानदारी विश्वसनीयता बनाती है, जबकि क्षमता परिणाम देती है। नेताओं के लिए इनमें से किसी भी गुण से समझौता करना संभव नहीं है। इन्हीं मूल्यों पर आधारित टीमें अधिकार को सुदृढ़ करती हैं और दीर्घकालिक प्रगति सुनिश्चित करती हैं।

अध्याय 34

एक नेता सदैव समय पर वेतन भुगतान को सर्वोच्च प्राथमिकता देता है

कालातिक्रमणाच्चैव भक्तवेतनयोर्भृताः।
भर्तुः कुप्यन्ति दुष्यन्ति सोऽनर्थः सुमहान् स्मृतः।। 2.100.33।।

यदि सेवकों या आश्रितों को समय पर भोजन और वेतन नहीं दिया जाता, तो वे अपने स्वामी से क्रोधित हो जाते हैं और उनका आचरण बिगड़ने लगता है। इसे एक बड़ा अनर्थ और दुर्भाग्य माना गया है।

यह उपदेश एक सार्वभौमिक सत्य को दर्शाता है—समय पर और निष्पक्ष वेतन भुगतान किसी भी संस्था की स्थिरता की नींव है। लोग अनेक कठिनाइयों को सह सकते हैं, लेकिन अपनी आजीविका की मूलभूत सुरक्षा में असफलता को नहीं।

यह श्री राम द्वारा भरत को दिया गया एक महत्वपूर्ण पाठ था। इतिहास और आधुनिक समय दोनों ने इस सीख के महत्व को स्पष्ट रूप से दिखाया है। 1920 के दशक में, एक गंभीर वित्तीय संकट के दौरान, टाटा समूह भारी दबाव में था। नकद भंडार तेजी से घट रहे थे, फिर भी कर्मचारियों के वेतन भुगतान में देरी करने के बजाय, टाटा परिवार ने अपने आभूषण गिरवी रखकर धन जुटाया। इससे यह सुनिश्चित हुआ कि श्रमिकों को समय पर वेतन मिल सके।

उस निर्णय ने न केवल कर्मचारियों की आजीविका को सुरक्षित रखा, बल्कि उस विश्वास और निष्ठा को भी मजबूत किया, जो आगे चलकर टाटा समूह की स्थायी प्रतिष्ठा की नींव बना।

समकालीन परिप्रेक्ष्य

1. **द्वितीय विश्व युद्ध के बाद जापानी कंपनियाँ:**
   विनाश के बावजूद, अनेक जापानी कंपनियों ने कर्मचारियों के वेतन को प्राथमिकता दी। शीर्ष अधिकारियों ने अपने वेतन कम कर दिए ताकि कर्मचारियों को सुरक्षित रखा जा सके। इस पारस्परिक त्याग ने गहरे विश्वास का वातावरण बनाया। आने वाले दशकों में, प्रबंधन और कर्मचारियों के बीच यह एकता जापान की आर्थिक शक्ति और वैश्विक औद्योगिक उन्नति का आधार बनी।

2. **आधुनिक स्टार्टअप जगत:**
   आधुनिक स्टार्टअप पारिस्थितिकी तंत्र में, जो कंपनियाँ नकदी संकट के समय वेतन में देरी करती हैं या वेतन नहीं देतीं, उन्हें अक्सर बड़े पैमाने पर कर्मचारियों के पलायन, कानूनी मुकदमों और प्रतिष्ठा के नुकसान का सामना करना पड़ता है। निवेशक भी वेतन भुगतान में चूक को नेतृत्व की विश्वसनीयता पर एक गंभीर चेतावनी संकेत मानते हैं।

मुख्य निष्कर्ष

1. समय पर भुगतान विश्वास और स्थिरता की नींव है

आजीविका निष्ठा की आधारशिला है। एक राज्य कठिनाइयों को सह सकता है, लेकिन यदि लोगों के कल्याण की उपेक्षा की जाए तो विश्वास टूट जाता है। जो नेता अपने वादों का सम्मान करते हैं, वे स्थिरता और प्रेरणा सुनिश्चित करते हैं। लाभ बाद में भी प्राप्त किया जा सकता है, लेकिन मानवीय गरिमा की अनदेखी नहीं की जा सकती। समय पर भुगतान मनोबल और सुशासन—दोनों को बनाए रखता है।

2. कर्मचारी कल्याण के लिए नेतृत्व में व्यक्तिगत त्याग आवश्यक है

सच्चा नेतृत्व कभी-कभी त्याग की माँग करता है। जो नेता लाभ से पहले लोगों को रखते हैं, वे संगठन को अधिक मजबूत बनाते हैं। कल्याण के लिए किया गया त्याग दीर्घकालिक विश्वास और ईमानदारी स्थापित करता है।

3. सहानुभूति और निष्पक्षता संगठनात्मक संस्कृति को मजबूत बनाते हैं

वेतन केवल लेन-देन नहीं है, यह सम्मान का प्रतीक है। निष्पक्ष व्यवहार टीमों में सुरक्षा और अपनापन पैदा करता है। कठिन परिस्थितियों में सहानुभूति के साथ कार्य करने वाले नेता विश्वास और मनोबल को बनाए रखते हैं। संकट के समय पारदर्शिता और निष्पक्षता संस्कृति को और सुदृढ़ करती है।

4. संकट प्रबंधन का अर्थ केवल लाभ नहीं, लोगों की सुरक्षा है

संकट में नेता का आचरण उसकी वास्तविक पहचान को दर्शाता है। कठिन समय में वेतन और कल्याण की रक्षा संगठन की मजबूती को बनाए रखती है। अल्पकालिक बचत के लिए कर्मचारियों की अनदेखी दीर्घकालिक विश्वास को नष्ट कर देती है। जो नेता लोगों को प्राथमिकता देते हैं, वे निरंतरता और पुनर्प्राप्ति सुनिश्चित करते हैं। सच्चा संकट प्रबंधन अस्तित्व और निष्पक्षता के बीच संतुलन है—लोगों की सुरक्षा ही भविष्य की सुरक्षा है।

अध्याय 35

नेतृत्वकर्ता जनसंपर्क के लिए प्रवक्ता का चयन गहन विचार-विमर्श के बाद ही करता है

कच्चिज्जानपदो विद्वान् दक्षिणः प्रतिभानवान्।
यथोक्तवादी दूतस्ते कृतो भरत पण्डितः।। 2.100.35।।

हे भरत, जिसे तुम अपना दूत नियुक्त करते हो, वह अपने देश का विशेषज्ञ हो, पूर्ण रूप से ज्ञानी हो, कुशल हो, और जो कुछ उससे कहा गया है, उसे ठीक उसी प्रकार शीघ्रता और स्पष्टता से दोहराने में सक्षम हो।

इस श्लोक में श्री राम भरत को दूत के सावधानीपूर्वक चयन के विषय में निर्देश देते हैं—ऐसा व्यक्ति जो राज्य का प्रतिनिधित्व कर सके और उसके कार्यों को सटीकता, जिम्मेदारी तथा गरिमा के साथ संप्रेषित कर सके।

दूत में गहन ज्ञान, वाक्पटुता, बुद्धिमत्ता और सबसे बढ़कर सत्यनिष्ठ एवं प्रभावी ढंग से संवाद करने की क्षमता होनी चाहिए। उसका कार्य केवल सूचना पहुँचाना नहीं है, बल्कि राज्य की प्रतिष्ठा को बनाए रखना और उसके उद्देश्यों को बाहरी जगत के समक्ष स्पष्ट रूप से प्रस्तुत करना भी है।

समकालीन परिप्रेक्ष्य

1. **डॉ. एस. जयशंकर— भारत की विदेश नीति की आवाज़।** शांत भाषा और तथ्य-आधारित दृष्टिकोण के साथ वे वैश्विक मंचों पर भारत के रुख को स्पष्ट रूप से प्रस्तुत करते हैं। उनका प्रभाव अलंकरण से नहीं, बल्कि सटीकता और संयम से उत्पन्न होता है।

2. गर्जन करते इंजनों और अनंत राजमार्गों के युग में, महान **क्रिसलर** साम्राज्य विनाश के कगार पर पहुँच गया था। उसका भविष्य संदेह और विफलता से घिरा हुआ प्रतीत होता था। जनता का विश्वास कमजोर हो रहा था और भविष्य अनिश्चित था। इसी उथल-पुथल के बीच एक नेता उभरा—जो दीवारों या भाषणों के पीछे छिपा नहीं था, बल्कि स्वयं साम्राज्य की आवाज़ बनकर आगे आया। ली इयाकोका (Lee Iacocca), रामायण के किसी विश्वसनीय दूत की तरह, जनता के सामने प्रस्तुत हुए। जैसे प्राचीन कथाओं में संदेशवाहक की आवाज़ किसी राज्य के भाग्य को बदल सकती है, वैसे ही इयाकोका की आवाज़ ने **क्रिसलर** का भविष्य बदल दिया। उनका संदेश केवल सुना नहीं गया—उस पर विश्वास किया गया, और कंपनी को बचा लिया गया।

3. भारत में पोलियो अभियान की शुरुआत, कलाकार अमिताभ बच्चन की छवि से हुई। सरकार ने उन्हें "दो बूंद ज़िंदगी की" अभियान के लिए चेहरा और आवाज़ बनाया। उनकी विश्वसनीयता और व्यापक लोकप्रियता ने इस जन-स्वास्थ्य अभियान को एक सफलता की कहानी बना दिया और भारत में पोलियो उन्मूलन में महत्वपूर्ण भूमिका निभाई। सही प्रवक्ता के चयन उदासीनता और कार्रवाई के बीच का अंतर बन जाती है।

4. धूम्रपान-विरोधी संदेश के लिए सचिन तेंदुलकर को आवाज़ के रूप में चुनने से संदेश को अधिक प्रभाव मिला, क्योंकि वे अनुशासन, स्वास्थ्य और विश्वास का प्रतीक हैं। प्रवक्ता ने संदेश को आधिकारिक घोषणाओं से कहीं आगे बढ़ाकर व्यापक प्रभाव प्रदान किया।

मुख्य निष्कर्ष

1. सावधानीपूर्वक प्रवक्ता का चयन करें

नेतृत्वकर्ताओं को प्रवक्ता के चयन को एक रणनीतिक निर्णय के रूप में देखना चाहिए। सही व्यक्ति विश्वास और अधिकार को बनाए रखता है, जबकि गलत चयन दोनों को नुकसान पहुँचा सकता है। संचार संबंधी भूमिकाएँ, सैन्य या प्रशासनिक पदों जितनी ही गंभीरता की मांग करती हैं।

2. ज्ञान और वाक्पटुता आवश्यक हैं

जटिल विचारों को स्पष्टता और प्रभावशीलता की आवश्यकता होती है। रामायण यह दर्शाता है कि दूत को न केवल ज्ञानवान होना चाहिए, बल्कि वाक्पटु भी होना चाहिए, ताकि वह दृष्टि और उद्देश्य को सटीकता के साथ प्रस्तुत कर सके। जब ये दोनों गुण एक साथ होते हैं, तो विश्वसनीयता मजबूत होती है और प्रवक्ता नेतृत्व का वास्तविक विस्तार बन जाता है।

3. सत्यनिष्ठा और संकट प्रबंधन विश्वसनीयता का निर्माण करते हैं

शब्दों का महत्व तभी होता है जब वे ईमानदारी पर आधारित हों। एक भरोसेमंद प्रवक्ता चुनौतियों के बीच भी विश्वास को कमजोर नहीं होने देता। जो नेता कौशल के साथ-साथ नैतिकता को भी महत्व देते हैं, वे संदेश और संस्था—दोनों की रक्षा करते हैं। जब संचार में सत्य और सूझबूझ होती है, तो विश्वसनीयता बढ़ती है।

4. रणनीतिक समन्वय (Strategic Alignment) महत्वपूर्ण है:

संचार तभी सफल होता है जब वह उद्देश्य को मजबूत करे। यदि प्रवक्ता उद्देश्य से असंगत हो, तो प्रभाव कम हो जाता है। जब समन्वय होता है, तो संचार लक्ष्यों को बढ़ाता है, स्पष्टता लाता है और विश्वास को सुदृढ़ करता है। समन्वय शब्दों को रणनीति का सक्रिय हिस्सा बना देता है।

अध्याय 36

नेतृत्वकर्ता सदैव बाज़ार प्रतिस्पर्धा के प्रति सतर्क रहते हैं और छोटे प्रतिद्वंद्वियों को कम नहीं आँकते

कच्चिद्धच्चिद्व्यपास्यानहितान्प्रतियातांश्च सर्वदा।
दुर्बलाननवज्ञाय वर्तसे रिपुसूदन ॥ 2.100.37 ॥

"क्या तुम सदैव उन लोगों से दूर रहते हो जो अहितकारी हैं तथा जो तुमसे विमुख हो चुके हैं? हे शत्रुनाशक! क्या तुम दुर्बलों की उपेक्षा किए बिना आचरण करते हो?"

रामायण में श्री राम की यह सलाह नेतृत्व के एक मौलिक सत्य को व्यक्त करती है: विजय कभी भी आत्मसंतोष की अनुमति नहीं देती। विरोधियों को पराजित करने के बाद भी एक बुद्धिमान नेतृत्वकर्ता को सदैव सतर्क रहना चाहिए, क्योंकि जो कमजोर या छोटे प्रतीत होते हैं, वे पुनर्गठित होकर, अनुकूलन कर और अधिक शक्तिशाली रूप में उभर सकते हैं। यह सिद्धांत केवल प्राचीन राज्यों के युद्धक्षेत्र तक सीमित नहीं है, बल्कि आज के व्यावसायिक प्रतिस्पर्धा के क्षेत्र में भी उतना ही प्रासंगिक है।

कॉर्पोरेट जगत में कोई भी बाजार नेतृत्वकर्ता—चाहे उसका आकार, विरासत या बाजार हिस्सेदारी कितनी भी बड़ी क्यों न हो—किसी भी प्रतिस्पर्धी को कम आंकने का जोखिम नहीं उठा सकता। उभरते स्टार्टअप, चुस्त नवोन्मेषक, या छोटे क्षेत्रीय खिलाड़ी भी अपनी रचनात्मकता, गति और विशिष्ट मूल्य प्रस्ताव के माध्यम से स्थापित उद्योगों को चुनौती दे सकते हैं। जैसे श्री राम भरत को छोटे शत्रुओं को कम न आंकने की सलाह देते हैं, वैसे ही आधुनिक नेतृत्वकर्ताओं को यह समझना चाहिए कि आज का कमजोर प्रतिद्वंद्वी कल का विघटनकारी दिग्गज बन सकता है।

समकालीन परिप्रेक्ष्य

1. व्हाट्सऐप ने मैसेजिंग के परिदृश्य को बदल दिया, जब उसने महंगे टैरिफ-आधारित **एस एम एस** मॉडल को चुनौती दी। सरल, निःशुल्क और क्रॉस-प्लेटफ़ॉर्म संचार उपकरण प्रदान करके उसने लोगों की दैनिक आदतों को वैश्विक स्तर पर बदल दिया और **एस एम एस** सेवा प्रदाताओं को पुनर्विचार करने पर मजबूर कर दिया। इससे यह स्पष्ट होता है कि आदत-निर्माण करने वाली उपयोगिता और निर्बाध (frictionless) अनुभव, स्थापित व्यवसाय मॉडलों को भी बाधित कर सकते हैं।

2. **नेटफ्लिक्स** का विकास **ब्लॉकबस्टर** की कीमत पर हुआ, यह एक और कालातीत उदाहरण है। जो कभी एक मजबूत किला प्रतीत होता था—भौतिक स्टोरों का नेटवर्क—वही समय के साथ अनम्यता (inflexibility) का बोझ बन गया। स्ट्रीमिंग के ऑन-डिमांड मॉडल ने लेट फीस और स्टोर जाकर किराए पर लेने की आवश्यकता को समाप्त कर दिया, जिससे उपभोक्ता की प्राथमिकताएँ बदल गईं और उद्योग की पूरी अर्थव्यवस्था पुनर्गठित हो गई। यह हमें यह सोचने की प्रेरणा देता है कि "आज की कौन-सी मूल्यवान संपत्ति कल बोझ बन सकती है?"

3. **याहू** का व्यापक पोर्टल साम्राज्य भी **गूगल** के केंद्रित और सटीक सर्च तथा प्रभावी विज्ञापन मॉडल के सामने टिक नहीं सका। केवल व्यापक सेवाएँ होना पर्याप्त नहीं है, जब मूल समस्या का समाधान कमजोर हो। इसलिए किसी भी संगठन के लिए यह आवश्यक है कि वह अपने मूल-आधार (core value) की रक्षा को सर्वोच्च प्राथमिकता दे।

4. 1970–80 के दशक में बहुराष्ट्रीय कंपनियाँ (MNCs) डिटर्जेंट को मध्यम वर्ग के लिए एक प्रीमियम उत्पाद मानती थीं। लेकिन **निर्मा** ने कम कीमत वाले

डिटर्जेंट पाउडर के माध्यम से आम जनता को लक्ष्य बनाया। एक दशक के भीतर ही Nirma एक घरेलू नाम बन गया और MNCs को भी सस्ते डिटर्जेंट उत्पाद लॉन्च करने के लिए मजबूर होना पड़ा।

मुख्य निष्कर्ष

1. आत्मतुष्टि (Complacency) सतत सफलता की शत्रु है

विजय कभी भी विश्राम का संकेत नहीं होती। श्री राम ने भरत को चेतावनी दी थी कि शक्तिशाली शत्रुओं को पराजित करने के बाद भी नेतृत्वकर्ता को सतर्क रहना चाहिए। अत्यधिक आत्मविश्वास छोटे प्रतिद्वंद्वियों को पुनः संगठित होकर आक्रमण करने का अवसर देता है। आत्मसंतोष नेतृत्वकर्ता को सूक्ष्म खतरों के प्रति अंधा बना देता है।

2. छोटे खिलाड़ी विघटनकारी दिग्गज बन सकते हैं

छोटे प्रतिद्वंद्वियों को कभी भी कम नहीं आंकना चाहिए। जो नेतृत्वकर्ता उन्हें अनदेखा करते हैं, वे अप्रत्याशित पराजय को आमंत्रित करते हैं। सबसे कमजोर प्रतिस्पर्धी के प्रति भी सम्मान रखना तैयारी और सजगता को बढ़ाता है। कम आंकना एक ऐसा जोखिम है जिसे मजबूत नेतृत्वकर्ता भी वहन नहीं कर सकते।

3. सक्रिय सतर्कता (Proactive Vigilance) दीर्घकालिक सफलता सुनिश्चित करती है

सहनशीलता और स्थायित्व पूर्वानुमान पर निर्भर करते हैं। श्री राम की शिक्षा यह है कि परिस्थितियों पर निरंतर निगरानी रखी जाए, न कि केवल खतरे उत्पन्न होने पर प्रतिक्रिया दी जाए। नेतृत्वकर्ताओं को रुझानों का अध्ययन करना चाहिए, प्रतिस्पर्धियों पर नज़र रखनी चाहिए और परिवर्तन के प्रति त्वरित प्रतिक्रिया देनी चाहिए। दूरदृष्टि और सक्रियता ही दीर्घकालिक सफलता की कुंजी है।

अध्याय 37

विपत्ति को शक्ति के अस्त्र में बदलना

ततः प्रदीप्तलाङ्गूलः स विद्युदिव तोयदः ।
भवनाग्रेषु लङ्कायाः विचचार महाकपिः ॥ 5.54.6 ॥

हनुमान की पूँछ अग्नि के समान प्रज्वलित हो उठी। वे लंका के भवनों के शिखरों पर इस प्रकार घूमने लगे, मानो बिजली से युक्त घनघोर बादल आकाश में विचरण कर रहा हो।

हनुमान का लंका में प्रवेश साहस से भरा था, किंतु अंततः वे रावण की सेना द्वारा पकड़ लिए गए। उनके बंदी बनाने वालों ने उन्हें अपमानित करने के उद्देश्य से उनकी पूँछ में आग लगा दी। परंतु निराश होने के बजाय, हनुमान ने इस दंड को अपनी शक्ति में बदल दिया और अपनी प्रज्वलित पूँछ को हथियार बनाकर पूरी लंका को जला डाला।

यह घटना एक महत्वपूर्ण मोड़ साबित हुई, जहाँ अपमान विजय में परिवर्तित हो गया और विपत्ति ने एक शक्तिशाली प्रतिक्रिया को जन्म दिया। वाल्मीकि की सजीव उपमा—जिसमें हनुमान को बिजली से युक्त घनघोर बादल के समान बताया गया है—इस बात पर बल देती है कि विपत्ति से उत्पन्न शक्ति कितनी अजेय हो सकती है।

समकालीन परिप्रेक्ष्य

नेतृत्व में आधुनिक समानताएँ

- **वॉल्ट डिज़्नी** को कभी कल्पनाशक्ति की कमी के कारण नौकरी से निकाल दिया गया था, लेकिन बाद में उन्होंने वैश्विक कहानी-कथन का एक विशाल साम्राज्य खड़ा किया।
- **ओपरा विन्फ्रे** को अपने करियर की शुरुआत में टीवी के लिए अनुपयुक्त माना गया, फिर भी वे एक वैश्विक मीडिया आइकन बन गईं।
- **कर्नल सैंडर्स** ने जीवन में कई बार अस्वीकृति का सामना किया, लेकिन निरंतर प्रयास और नए प्रयोगों के माध्यम से अंततः उन्होंने केएफसी की स्थापना की।

नेतृत्व का पाठ

असफलताएँ और बाधाएँ पुनर्निर्माण के लिए शक्तिशाली ऊर्जा का स्रोत होती हैं। जो नेता विपत्तियों को अवसर में बदलना जानते हैं, वे अपनी टीमों में लचीलापन और साहस का संचार करते हैं।

नेतृत्व का वास्तविक माप कठिनाइयों से बचना नहीं, बल्कि उन्हें शक्ति और अवसर में बदलने की क्षमता है।

मुख्य निष्कर्ष

1. विपत्तियों को शक्ति में बदलें

हनुमान की तरह, जिन्होंने अपनी जलती हुई पूँछ को हथियार में बदल दिया, वैसे ही नेताओं को भी असफलताओं को शक्तिशाली प्रेरणा में बदलना चाहिए, जो नवाचार और नए उद्देश्य को जन्म दे।

2. भावनाओं का विवेकपूर्ण उपयोग करें

क्रोध या निराशा के साथ प्रतिक्रिया देने के बजाय, विपत्ति से उत्पन्न भावनात्मक ऊर्जा को केंद्रित और परिणाम-उन्मुख कार्यों में लगाएँ, जो प्रगति को गति दें।

3. विपत्ति में अवसर खोजें

जब चुनौतियों को एक रणनीतिक और सकारात्मक दृष्टिकोण से देखा जाता है, तो वे विकास और परिवर्तन के छिपे हुए अवसरों को उजागर करती हैं।

4. लचीलापन के साथ नेतृत्व करें

दबाव की परिस्थितियों में साहस और संयम दिखाकर नेता अपनी टीम को अनुकूलनशील बने रहने और आत्मविश्वास के साथ आगे बढ़ने के लिए प्रेरित करते हैं।

अध्याय 38

पूर्व की उपलब्धियाँ नए उपक्रमों में सफलता की गारंटी नहीं होतीं

त्वयाऽसकृद्विशस्त्रेण विशस्ताः देवदानवाः ।
सर्वायुधसम्पन्नो राघवं शास्तुं तुर्हसि ॥ 6.69.5 ॥

आपके द्वारा अनेक बार अस्त्र-शस्त्र रहित करके देवताओं और दानवों को पराजित किया गया है। अब आप सभी प्रकार के आयुधों से सम्पन्न होकर राघव (श्री राम) को भी पराजित करने में सक्षम हैं।

देवताओं, गंधर्वों और यक्षों पर रावण की विजय ने उसे तीनों लोकों का निर्विवाद सम्राट बना दिया था। प्रत्येक विजय ने उसके इस विश्वास को और दृढ़ कर दिया कि वह अजेय है—एक ऐसा सर्वोच्च शासक, जिसके सामने कोई भी प्रतिद्वंद्वी टिक नहीं सकता।

किन्तु इसी विश्वास में उसकी कमजोरी छिपी थी। अपनी पूर्व की महिमाओं पर उसका अटूट भरोसा उसे नई वास्तविकताओं को समझने से रोकता रहा। वह हर नए खतरे को उन्हीं युद्धों के आधार पर आँकता था, जिन्हें वह पहले जीत चुका था। जब श्री राम प्रकट हुए, तो रावण ने उन्हें भी एक और साधारण शत्रु समझकर नष्ट किए जाने योग्य माना।

लेकिन वह यह नहीं समझ सका कि श्री राम की शक्ति केवल युद्ध-कौशल तक सीमित नहीं थी। श्री राम की शक्ति उनके सहयोगियों, उद्देश्य की स्पष्टता और उस अडिग नैतिक आधार से आती थी, जो सामान्य जीवों को भी उनके साथ जोड़ देता

था। रावण, अपनी पुरानी विजय-धारणाओं के भ्रम में फँसा हुआ, यह समझ ही नहीं पाया कि यह एक नए प्रकार का प्रतिद्वंद्वी है—और इसी कारण वह अपनी रणनीति को समय के अनुसार बदल नहीं सका।

समकालीन परिप्रेक्ष्य

1. **ऐतिहासिक उदाहरण: जब सफलता ही कमजोरी बन गई**
   कभी भारत के समय का गौरव माने जाने वाले HMT के लिए दशकों तक "एच.एम्.टी - भरोसे की घडी" एक परिचित और भरोसेमंद वाक्य था। अपनी श्रेष्ठता पर आत्मविश्वास रखते हुए कंपनी को विश्वास था कि मैकेनिकल घड़ियाँ सटीकता का शाश्वत प्रतीक बनी रहेंगी। लेकिन उपभोक्ताओं की दुनिया बदल रही थी। क्वार्ट्ज तकनीक और Titan Company की आधुनिक शैली ने बाज़ार को पूरी तरह बदल दिया। अपनी विरासत में उलझी HMT समय के साथ कदम नहीं मिला सकी, और जो कभी राष्ट्रीय प्रतीक थी, वह आज केवल स्मृतियों में रह गई है।

2. **MTNL और BSNL का पतन**
   एमटीएनएल और बीएसएनएल वर्षों तक भारत की दूरसंचार व्यवस्था पर एकाधिकार बनाए हुए थीं। उन्हें लगा कि उनकी स्थिति अडिग और अजेय है। लेकिन उदारीकरण के बाद नए और आक्रामक प्रतिस्पर्धी सामने आए। एयरटेल और रिलायंस जियो जैसे खिलाड़ियों ने सस्ती दरों, व्यापक पहुँच और निरंतर नवाचार से पूरे क्षेत्र को बदल दिया। कभी दिग्गज रहीं कंपनियाँ धीरे-धीरे इतिहास बन गईं।

3. **कोडक का उदाहरण**
   वैश्विक स्तर पर, **कोडक** को अक्सर आत्मतुष्टि का सबसे बड़ा उदाहरण माना जाता है। विडंबना यह है कि डिजिटल कैमरे का पहला प्रोटोटाइप भी 1975 में **कोडक** के इंजीनियरों ने ही बनाया था। लेकिन फिल्म फोटोग्राफी से मिलने वाले लाभ के कारण नेतृत्व ने इस नवाचार को आगे नहीं बढ़ाया, यह मानते हुए कि उनका वर्चस्व स्थायी है। जबकि **कैनन, सोनी** और बाद में स्मार्टफोन

कंपनियों ने डिजिटल तकनीक को पूरी तरह अपनाया। परिणामस्वरूप, 2012 तक **कोडक** दिवालिया हो गई।

4. **ब्लैकबेरी का पतन**

ब्लैकबेरी अपने समय में बिज़नेस फोन का निर्विवाद राजा था, जो सुरक्षित ईमेल और भौतिक कीबोर्ड के लिए प्रसिद्ध था। सफलता ने उसमें आत्मसंतोष पैदा किया। जब 2007 में **एप्पल** ने टचस्क्रीन **आईफोन** प्रस्तुत किया, तो **ब्लैकबेरी** ने इसे केवल एक अस्थायी चलन समझकर खारिज कर दिया। कुछ ही वर्षों में वह बाज़ार के नेता से अप्रासंगिक बन गई—ठीक वैसे ही जैसे रावण ने अपनी पुरानी जीतों के भरोसे नई वास्तविकताओं को समझने से इनकार कर दिया था।

मुख्य निष्कर्ष

1. अति-आत्मविश्वास दृष्टि को सीमित करता है

जब नेता यह मान लेते हैं कि पिछली सफलताओं के कारण भविष्य भी सुरक्षित है, तो वे नई चुनौतियों की तैयारी करना बंद कर देते हैं।

2. सफलता आत्मसंतोष का कारण बन सकती है

पिछली उपलब्धियाँ केवल मील के पत्थर हैं, कोई गारंटी नहीं। सफलता में सहज हो जाना अक्सर बदलते समय को पहचानने में बाधा बनता है।

3. नवाचार की अनदेखी पतन का कारण बनती है

जो नेता नवाचार को नहीं अपनाते, वे उन प्रतिस्पर्धियों से पीछे रह जाते हैं जो नए तरीकों से आगे बढ़ते हैं। पुरानी सफलताएँ कई बार भविष्य की सफलता का भ्रम पैदा करती हैं।

4. हर चुनौती के लिए नई रणनीति आवश्यक है

हर नया अवसर और हर नया प्रतिद्वंद्वी अलग सोच और अलग दृष्टिकोण की माँग करता है।

5. विरासत का आधार अनुकूलन है, प्रभुत्व नहीं

स्थायी नेतृत्व वही है जो समय के साथ बदलता है। सफलता को बनाए रखने के लिए विनम्रता, जागरूकता और निरंतर अनुकूलन आवश्यक है—क्योंकि सफलता कभी स्थायी नहीं होती।

अध्याय 39

जाबालि सिंड्रोम – जब नेता अल्पकालिक लाभ के लिए नैतिकता का त्याग कर देते हैं

पित्र्यं राज्यं परित्यज्य न नार्हसि नरोत्तम ।
आस्थातुं कापथं दुःखं विषमं बहुकण्टकम् ॥ 2.108.7 ॥

हे नरोत्तम (श्रेष्ठ पुरुष), तुम्हें अपने पैतृक राज्य को छोड़कर उस कष्टदायक, कठिन और काँटों से भरे हुए कुपथ का अनुसरण नहीं करना चाहिए। यह मार्ग दुःखपूर्ण, विषम और अनेक बाधाओं से युक्त है, और तुम्हारे योग्य नहीं है।

चित्रकूट के वन में सूर्य अस्त हो रहा था। उसकी सुनहरी किरणें शांत नदी के तटों पर बिखर रही थीं। पक्षी अपने घोंसलों की ओर लौट रहे थे और संध्या की नीरवता वातावरण में गहराई तक व्याप्त थी। अयोध्या के वैभव से दूर, श्री राम सीता और लक्ष्मण के साथ वनवास में रह रहे थे। उनकी कुटिया सरल थी, किंतु उसमें गरिमा और शांति भरी हुई थी।

उस दिन, यह मौन अचानक एक विशाल समूह के आगमन से टूट गया। भरत अपने मंत्रियों, ऋषियों और अयोध्या के नागरिकों के साथ वहाँ पहुँचे थे। उनके हृदय में शोक और उत्कंठा का भार था। उनके मन में एक ही प्रार्थना थी—कि श्री राम लौटकर उस सिंहासन को ग्रहण करें, जो वास्तव में उन्हीं का अधिकार था।

सभा में एक-एक करके अनेक स्वर उठे, जो श्री राम से आग्रह कर रहे थे कि वे अपने वनवास का अंत करें। किंतु उनमें एक स्वर सबसे अलग था—ऋषि जाबालि का। अन्य लोगों के विपरीत उनके शब्द श्रद्धा और धर्म की भावना से नहीं, बल्कि कठोर यथार्थ और तर्क से भरे हुए थे।

"रघुनंदन," जाबालि ने स्थिर दृष्टि और अडिग स्वर में कहा, "आप इस वनवास और इस कष्ट से क्यों चिपके हुए हैं? जीवन अल्प, अनिश्चित और क्षणभंगुर है। धर्म, स्वर्ग और परलोक—ये सब केवल मनुष्य को बाँधने के लिए रचे गए भ्रम हैं। जो हम यहाँ देख सकते हैं, खा सकते हैं और भोग सकते हैं, वही सत्य है; शेष सब कल्पना मात्र है।"

वह थोड़ा आगे झुका और अपने शब्दों को सरल किंतु साहसिक स्वर में बोला—

"आपके पिता अब इस संसार में नहीं हैं। मृत व्यक्ति से किए गए वचन का पालन करने का क्या अर्थ है? अयोध्या लौटिए, अपना उचित सिंहासन ग्रहण कीजिए और अपनी प्रजा को सुख प्रदान कीजिए। यह वनवास किसी के लिए लाभकारी नहीं है—न आपके लिए, न अयोध्या के लिए, न भरत के लिए।"

सभा में एक हल्की-सी फुसफुसाहट फैल गई। मंत्री उसकी बात सुन रहे थे, और कुछ लोग मौन स्वीकृति में सिर हिला रहे थे। व्यवहारिकता आकर्षक लग रही थी—आखिर त्याग का क्या लाभ, जब सत्ता, समृद्धि और सुविधा इतनी निकट हों?

किन्तु श्री राम का मुख शांत था और उनकी दृष्टि अडिग। जब उन्होंने अंततः उत्तर दिया, तो उनके शब्द संध्या की नीरवता को चीरते हुए ऐसे निकले, जैसे कोई तीर चल गया हो।

"जाबालि," उन्होंने दृढ़ किंतु शांत स्वर में कहा, "तुम संसार को केवल उसी रूप में देखते हो, जो आँखों से दिखाई देता है। परंतु धर्म के बिना जीवन रिक्त हो जाता है। यदि राजा सुविधा के लिए सत्य को त्याग दे, तो उसकी प्रजा को मार्ग कौन दिखाएगा? यदि वचन सहज ही तोड़े जाने लगें, तो शासक और प्रजा के बीच विश्वास कैसे टिकेगा?

तुम मुझसे मेरे पिता के वचन को त्यागने को कहते हो, पर मैं यह कहता हूँ—जो सिंहासन धर्म का त्याग करके प्राप्त किया जाए, वह सिंहासन नहीं, बल्कि छल से निर्मित एक कारागार है। धर्म का मार्ग भले ही कठिन हो, पर वही इस संसार को धारण करता है।"

वन में गहन शांति छा गई। जाबालि का तर्क भले ही बुद्धिमत्तापूर्ण और आकर्षक था, पर श्री राम का संकल्प अडिग था। उनके शब्द केवल उस क्षण के लिए नहीं, बल्कि शाश्वत सत्य के लिए थे। भरत ने अपना सिर झुका लिया, यह समझते हुए कि श्री राम केवल एक भ्राता नहीं, बल्कि स्वयं धर्म के मूर्त स्वरूप हैं।

उस संध्या चित्रकूट में एक शिक्षा और भी अधिक उज्ज्वल हो उठी—जो डूबते सूर्य से भी अधिक स्पष्ट थी:

एक नेता को सुविधा के लिए अपने सिद्धांतों का त्याग कभी नहीं करना चाहिए, क्योंकि धर्म ही राजा और राज्य दोनों को स्थिर रखता है।

समकालीन परिप्रेक्ष्य

1. **निक्सन और वॉटरगेट कांड**
   रिचर्ड निक्सन के लिए वॉटरगेट कांड के दौरान स्वाभाविक प्रवृत्ति पारदर्शिता नहीं, बल्कि छिपाव थी। यह ढक-छुपाव कुछ समय के लिए सुरक्षा दे सकता था, लेकिन इसने विश्वास को भीतर से खोखला कर दिया। जो शुरुआत में एक अस्थायी ढाल जैसा लगा था, वह अंततः इस्तीफे, अपमान और कलंकित विरासत में समाप्त हुआ।

2. **एनरॉन का पतन**
   एनरॉन ने वॉल स्ट्रीट को ऊँचे मुनाफे का भ्रम दिखाकर चकित कर दिया—ऐसे मुनाफे जो खातों में हेरफेर करके बनाए गए थे। कुछ समय तक इसके अधिकारी दूरदर्शी माने गए, लेकिन जैसे ही सच्चाई सामने आई, कंपनी ध्वस्त हो गई। नौकरियाँ खत्म हो गईं, पेंशन समाप्त हो गईं, और नेतृत्व जेल तक पहुँच गया। तिमाही प्रशंसा की चाह ने दीर्घकालिक अस्तित्व को नष्ट कर दिया।

3. **डीएचएफएल का संकट**
   दीवान हाउसिंग फाइनेंस कॉरपोरेशन लिमिटेड ने बाज़ार को प्रभावित करने के लिए तेज़ी से विस्तार किया। जोखिम भरे ऋण और संदिग्ध नीतियों ने शक्ति का भ्रम पैदा किया। लेकिन जल्द ही दरारें दिखने लगीं और यह दिग्गज धोखाधड़ी और कुप्रबंधन के भार तले ढह गया—भारत के सबसे बड़े एनबीएफसी संकटों में से एक।

4. **चीन का रियल एस्टेट संकट**
   चीन की एक बड़ी रियल एस्टेट कंपनी ने तेज़ विस्तार के लिए भारी उधारी ली। कुछ समय तक चमकदार परियोजनाओं ने विश्वास बनाए रखा, लेकिन बढ़ते कर्ज ने इसे इतिहास के सबसे बड़े डिफॉल्ट्स में से एक बना दिया, और अनियंत्रित विकास की खोखली नींव उजागर कर दी।

मुख्य विश्लेषण: जाबालि सिंड्रोम का प्रभाव

इन सभी मामलों में नेतृत्व "जाबालि सिंड्रोम" का शिकार हुआ—जहाँ नैतिकता के बजाय सुविधा को, और दीर्घकालिक स्थिरता के बजाय अल्पकालिक प्रशंसा को चुना गया। और अंततः, परिणाम रावण की तरह ही विनाशकारी रहा।

एक दुर्लभ अपवाद – केनेडी और क्यूबा मिसाइल संकट

हर नेता सुविधा के आगे नहीं झुकता। कुछ, श्री राम के आदर्श के समान, इसका प्रतिरोध करते हैं।

1962 में दुनिया परमाणु युद्ध के कगार पर थी। क्यूबा में सोवियत मिसाइलों की पहचान हुई, जो अमेरिका की सीमा के बेहद करीब थीं। जॉन एफ. केनेडी पर भारी दबाव था। उनके जनरल तुरंत हवाई हमले और आक्रमण की सलाह दे रहे थे—एक तेज़ और निर्णायक कदम, जो तत्काल राहत दे सकता था। लेकिन केनेडी रुके। उन्होंने समझा कि ऐसा कदम, भले ही कितना भी आकर्षक क्यों न लगे, पूरी दुनिया को विनाश की ओर ले जा सकता है। इसके बजाय उन्होंने संयम का रास्ता चुना—नौसैनिक नाकाबंदी और शांत कूटनीति। यह रास्ता धीमा था, राजनीतिक रूप से जोखिम भरा था और युद्ध जितना नाटकीय भी नहीं था—लेकिन इसने शांति को बचा लिया। अंततः सोवियत संघ ने अपने मिसाइल वापस हटा लिए और संकट बिना किसी परमाणु विनाश के समाप्त हो गया।

जॉन एफ. कैनेडी का यह निर्णय, श्री राम के आदर्शों की तरह, यह दर्शाता है कि सिद्धांत और धैर्य, जल्दबाज़ और जोखिमभरी व्यावहारिकता से कहीं अधिक महत्वपूर्ण होते हैं। जहाँ अन्य लोग शॉर्टकट की सलाह दे रहे थे, उन्होंने उच्च नैतिक मार्ग चुना—और इतिहास उन्हें इसी कारण याद रखता है।

अमूल – लाभ से पहले किसान

अमूल अधिक लाभ कमाने के लिए अपने "किसान-प्रथम" मॉडल को कमजोर करके मार्जिन बढ़ा सकता था, लेकिन उसने उत्पादकों के लिए निष्पक्ष मूल्य और उपभोक्ताओं के लिए गुणवत्ता बनाए रखने की अपनी प्रतिबद्धता नहीं छोड़ी। उसके सहकारी मॉडल ने यह सिद्ध किया कि नैतिकता और विस्तार साथ-साथ आगे बढ़ सकते हैं।

मुख्य निष्कर्ष

1. शॉर्टकट मानसिकता से सावधान रहें।

शॉर्टकट तब आकर्षक लगते हैं जब तुरंत परिणाम चाहिए होते हैं, लेकिन वे शायद ही कभी स्थायी होते हैं। श्री राम ने जाबालि की सलाह को इसलिए अस्वीकार किया क्योंकि वे जानते थे कि सुविधा, दृढ़ निश्चय का विकल्प नहीं बन सकती। नेताओं को भी ऐसे निर्णयों से बचना चाहिए जो आज की समस्या हल करें, लेकिन कल के लिए और बड़े संकट पैदा कर दें।

2. नैतिकता ही असली पूँजी है।

सत्ता, धन या बाज़ार हिस्सेदारी नैतिकता के बिना एक रात में समाप्त हो सकती है। एनरॉन का उदय और पतन दिखाता है कि ईमानदारी के बिना सफलता कितनी अस्थिर होती है। ईमानदारी, जैसे धर्म, वही वास्तविक संपत्ति है जो विश्वास को बनाए रखती है।

3. दबाव का जाल।

दबाव में नेता अक्सर "एक बार नियम तोड़ने" को सही ठहराने लगते हैं। लेकिन एक छोटा समझौता अक्सर बड़े समझौतों की संस्कृति बना देता है। रिचर्ड निक्सन का वॉटरगेट कांड इसका प्रमाण है कि तत्काल दबाव में लिए गए निर्णय पूरे करियर को नष्ट कर सकते हैं।

4. धर्म – नेतृत्व का मार्गदर्शक।

धर्म ने श्री राम को वह स्पष्टता दी, जिससे वे विरोध के बावजूद अपने निर्णय पर अडिग रहे। आधुनिक नेतृत्व में धर्म का अर्थ है—न्याय, जवाबदेही और पारदर्शिता जैसे मूल्य। इनके बिना निर्णय अपनी दिशा और विश्वसनीयता खो देते हैं।

अध्याय 40

जनमानस की आवाज़: संवेदनशील नेतृत्व की अनिवार्यता

ये न रक्षन्ति विषयम् अस्वाधीना नराधिपाः ।
ते न वर्धन्ति प्रकाशन्ते गिरयः सागरे यथा ॥ 3.33.6 ॥

जो राजा स्वयं पर नियंत्रण नहीं रखते और अपनी प्रजा की रक्षा नहीं कर पाते, वे प्रजा के मन को आकर्षित नहीं करते। वे वैसे ही अप्रभावी और अदृश्य रहते हैं, जैसे समुद्र में स्थित पर्वत दिखाई नहीं देते।

लंका अपूर्व सौंदर्य की नगरी थी। स्वर्णिम दीवारें सूर्य की रोशनी में चमकती थीं, बाजार धन-वैभव से भरे रहते थे, और वातावरण संगीत तथा उत्सवों की ध्वनि से गूंजता था। बाहरी रूप से यह एक आदर्श राज्य प्रतीत होता था, किंतु इस भव्यता के पीछे एक भिन्न वास्तविकता छिपी थी—जहाँ उसकी प्रजा मौन भय में जीवन जीती थी।

रावण, उनका राजा, अपार शक्ति और बुद्धिमत्ता का स्वामी था। उसने अनेक लोकों को जीता था, देवताओं को पराजित किया था और शत्रुओं में भय उत्पन्न किया था। परंतु अपने प्रत्येक अहंकारी कृत्य के साथ वह अपनी ही प्रजा से दूर होता चला गया। सीता का हरण लोगों के मन में असंतोष और भय भर गया था, क्योंकि उन्हें ज्ञात था कि यह विनाश को आमंत्रित करेगा। किंतु लंका में कोई भी राजा के विरुद्ध मुखर होकर बोलने का साहस नहीं करता था। नगर की गलियों में, जब रावण गुजरता था तो नागरिक गहराई से नतमस्तक हो जाते थे। परंतु निजी जीवन में, परिवार अपने भय को धीरे-धीरे व्यक्त करते थे। माताएँ अपने बच्चों को सावधानी से बोलने की

शिक्षा देती थीं, और व्यापारी मन ही मन प्रार्थना करते थे कि युद्ध उनकी नगरी को न निगल ले।

रामायण का यह भाव इस स्थिति को स्पष्ट करता है—यद्यपि लोग बाहरी रूप से रावण का अनुसरण करते थे, परंतु वे उसके कार्यों में सच्चा आनंद नहीं लेते थे। उनकी आज्ञाकारिता बाध्य थी, और निष्ठा खोखली। रावण ने मौन को समर्थन समझ लिया, यह न समझते हुए कि उसकी प्रजा का हृदय पहले ही उससे दूर हो चुका था।

जब अंततः युद्ध आरंभ हुआ, तो लंका के लोग भय से अपनी स्वर्ण नगरी को कांपते हुए देखते रहे। रावण अपने पराक्रम पर अडिग खड़ा था, परंतु वह अपनी प्रजा के वास्तविक समर्थन के बिना ही युद्ध कर रहा था। न उत्साह के स्वर थे, न नगर में एकता का भाव। वह शक्तिशाली था, परंतु अकेला था।

और जब उसका पतन हुआ, तो लंका भी गिर गई। नगर का वैभव उसे नहीं बचा सका, क्योंकि उसकी वास्तविक शक्ति—नागरिकों का प्रेम और विश्वास—पहले ही टूट चुका था।

समकालीन परिप्रेक्ष्य

1. यूनाइटेड एयरलाइंस प्रकरण (2017)

2017 में दुनिया ने उस समय स्तब्ध होकर एक वीडियो देखा, जिसमें एक यात्री को ओवरबुक्ड फ्लाइट से जबरन और हिंसक तरीके से उतारा जा रहा था। यह वीडियो कुछ ही घंटों में वायरल हो गया और व्यापक जनआक्रोश को जन्म दिया।

इसके बावजूद, कंपनी ने शुरुआत में अपनी प्रक्रियाओं का बचाव किया और जनभावना को अपेक्षाकृत अनदेखा कर दिया। जैसे-जैसे नेतृत्व ने प्रतिक्रिया देने में देरी और प्रतिरोध दिखाया, वैसे-वैसे विरोध और तेज़ होता गया।

इसका परिणाम यह हुआ कि शेयर बाज़ार में गिरावट आई, ब्रांड की प्रतिष्ठा गिरी, और अंततः भारी दबाव के बाद सीईओ को सार्वजनिक रूप से माफी माँगनी पड़ी तथा नीतियों में व्यापक बदलाव करने पड़े।

यह घटना दर्शाती है कि आज के त्वरित संचार युग में जनता की आवाज़ को न तो अनदेखा किया जा सकता है और न ही दबाया जा सकता है।

2. मिस्र में सत्ता और जनविद्रोह

होस्नी मुबारक मिस्र (Egypt) के पूर्व राष्ट्रपति।

लगभग तीन दशकों तक होस्नी मुबारक ने मिस्र पर लगभग निरंकुश शासन किया। समय के साथ उनका शासन सत्ता के आत्मविश्वास में डूब गया और उन्होंने आम नागरिकों की असंतोषपूर्ण आवाज़ों को अनसुना करना शुरू कर दिया।

बेरोज़गारी बढ़ी, भ्रष्टाचार फैला और राजनीतिक स्वतंत्रताएँ सीमित होती चली गईं। बाहरी दुनिया को मिस्र स्थिर दिखाई देता था, लेकिन भीतर जनता का असंतोष धीरे-धीरे बढ़ता रहा।

2011 में "अरब स्प्रिंग" की लहर पूरे मध्य पूर्व में फैल गई। काहिरा का तहरीर स्क्वायर प्रतिरोध का केंद्र बन गया। लाखों नागरिक—छात्र, श्रमिक और परिवार—सड़कों पर उतर आए और परिवर्तन की माँग करने लगे।

मुबारक, जो कभी अत्यंत शक्तिशाली माने जाते थे, अचानक अकेले पड़ गए। सेना ने समर्थन वापस ले लिया, जनता ने उनके अधिकार को अस्वीकार कर दिया, और कुछ ही हफ्तों में उन्हें इस्तीफा देना पड़ा।

मुख्य निष्कर्ष

1. प्रतिष्ठा शक्ति से नहीं, विश्वास से बनती है

बाहरी सफलता—लाभ, बाज़ार हिस्सेदारी या ब्रांड प्रतिष्ठा—उस आंतरिक शक्ति का विकल्प नहीं हो सकती जो विश्वास, सम्मान और निष्पक्षता से उत्पन्न होती है। जैसे लंका का वैभव उसके लोगों का भरोसा खोने पर अर्थहीन हो गया था, वैसे ही संगठन की संपत्तियाँ भी तब तक मूल्यहीन हो जाती हैं जब तक उसके लोग नेतृत्व पर विश्वास नहीं करते।

2. विश्वास और सहानुभूति की संस्कृति विकसित करें

सम्मान, निष्पक्षता और सहानुभूति एक सुदृढ़ संगठन की नींव हैं। जब नेतृत्व लोगों में निवेश करता है और सहयोगपूर्ण वातावरण बनाता है, तो संकट के समय भी सच्ची प्रतिबद्धता और सामूहिक शक्ति विकसित होती है।

3. संकट में त्वरित और विनम्र प्रतिक्रिया दें

जन या आंतरिक असंतोष की स्थिति में शीघ्र स्वीकारोक्ति और सुधारात्मक कदम अत्यंत आवश्यक हैं। देरी या अहंकार असंतोष को बढ़ाता है, जबकि विनम्रता और पारदर्शिता संबंधों और विश्वसनीयता को पुनः स्थापित कर सकती है।

4. प्रतिक्रिया और असहमति को सुनें

श्रेष्ठ नेता संगठन के हर स्तर से आने वाले सुझाव, आलोचना और चेतावनियों को आमंत्रित करते हैं। चेतावनियों या रचनात्मक आलोचना को अनदेखा करना संगठनात्मक विफलता की ओर ले जा सकता है—जैसे रावण का पतन तब और तेज हुआ जब उसने सलाह को अस्वीकार कर दिया।

अध्याय 41

धैर्य उत्कृष्ट गुण है; किंतु यदि इसे दुर्बलता समझा जाए, तो नेतृत्व को दृढ़ और निर्णायक कार्रवाई करनी चाहिए

क्षमया हि समायुक्तं मामयं मकरालयः ।
असमर्थं विजानाति धिक् क्षमामीदृशे जने ॥ 6.21.20 ॥

चूँकि मैं धैर्य से युक्त हूँ, यह समुद्र मुझे अक्षम समझ रहा है। ऐसे लोगों के बीच धैर्य भी व्यर्थ हो जाता है, क्योंकि वे उसे कमजोरी मान लेते हैं।

तीन दिनों तक श्री राम विशाल समुद्र तट पर मौन खड़े रहे। वे अपनी विशाल सेना के लंका-प्रवेश हेतु शांतिपूर्ण मार्ग की प्रार्थना और विनती करते रहे। उनका हृदय धैर्य और आशा से भरा था, यह विश्वास करते हुए कि सौम्य आग्रह से मार्ग अवश्य प्राप्त होगा।

किन्तु समुद्र उदासीन बना रहा। उसकी विशाल लहरें अनंत रूप से उठती-गिरती रहीं, मानो श्री राम की प्रार्थना और गरिमा को अनसुना कर रही हों।

उस मौन क्षणों में श्री राम की शांत दृढ़ता एक कठोर सत्य से टकराई—उनके महान धैर्य को गलत समझा जा रहा था। समुद्र ने उनके संयम को असमर्थता मान लिया और उन्हें दुर्बल समझ लिया। गहन चिंतन के बाद श्री राम ने यह समझा कि जब धैर्य को कमजोरी समझ लिया जाए, तो वह अपना प्रभाव और गरिमा खो देता है।

यह प्रसंग एक महत्वपूर्ण नेतृत्व-शिक्षा देता है—सहनशीलता और दृढ़ कार्रवाई के बीच संतुलन का सूक्ष्म ज्ञान। किसी नेता का धैर्य तभी सम्मान प्राप्त करता है, जब उसे शक्ति के रूप में पहचाना जाए, न कि असमर्थता के रूप में।

नेतृत्व सिद्धांत

धैर्य नेतृत्व के सबसे महान गुणों में से एक है। यह शक्ति, शांत आत्मविश्वास और चुनौतियों को बिना जल्दबाज़ी सहन करने की क्षमता को दर्शाता है।

लेकिन धैर्य कभी भी असीमित या निष्क्रिय नहीं होना चाहिए। जब इसे असमर्थता या निर्णयहीनता के रूप में देखा जाने लगता है, तो यह नेतृत्व की विश्वसनीयता को कमजोर करता है और अनादर या शोषण को आमंत्रित कर सकता है।

एक वास्तव में बुद्धिमान नेता यह जानता है कि कब धैर्यपूर्वक प्रतीक्षा करनी है और कब दृढ़ तथा निर्णायक कार्रवाई करनी है। यह संतुलन ही विश्वास और सम्मान—दोनों आधार स्तंभों को बनाए रखता है।

आधुनिक सीईओ के लिए यह शिक्षा विशेष रूप से महत्वपूर्ण है। कमजोर प्रदर्शन करने वाली टीमों, अनैतिक साझेदारों या रुके हुए प्रक्रियाओं को केवल सहनशीलता के नाम पर जारी रहने देना दूसरों को यह संकेत दे सकता है कि धैर्य कमजोरी है।

जहाँ धैर्य विश्वास का निर्माण करता है, वहीं समय पर की गई दृढ़ कार्रवाई ही खोए हुए सम्मान को पुनः स्थापित करती है और नेतृत्व की प्रामाणिकता को मजबूत बनाती है।

समकालीन परिप्रेक्ष्य

1. **आतंकवाद पर भारत की प्रतिक्रिया**
   वर्षों तक भारत ने उकसावे के बावजूद संयम से प्रतिक्रिया दी, शांति की आशा बनाए रखते हुए। किंतु इस धैर्य को धीरे-धीरे निष्क्रियता के रूप में देखा जाने लगा। उरी सर्जिकल हमले, बालाकोट हवाई हमला और ऑपरेशन सिंदूर जैसे कदमों ने एक निर्णायक मोड़ दिया—दृढ़ और स्पष्ट कार्रवाई जिसने प्रतिरोध क्षमता और सम्मान को पुनः स्थापित किया।

2. **जॉनसन एंड जॉनसन टायलेनॉल संकट (1982)**
   जॉनसन & जॉनसन को तब बड़ा संकट झेलना पड़ा जब कुछ कैप्सूलों में साइनाइड पाए जाने से मौतें हुईं। कंपनी जांच के लंबे इंतज़ार की बजाय तुरंत कार्रवाई कर सकती थी, लेकिन उसने तत्काल लाखों बोतलें वापस मंगवा लीं। इस तेज़ और निर्णायक कदम ने ग्राहकों का विश्वास बनाए रखा और कॉर्पोरेट कमजोरी की धारणा को रोक दिया।

3. **बैंकिंग क्षेत्र और एनपीए (NPA)**
   बैंकों ने जब गैर-निष्पादित परिसंपत्तियों (NPAs) को समय रहते नहीं संभाला, तो उनकी विश्वसनीयता कमजोर हुई। इसके विपरीत, जिन्होंने समय पर प्रावधान, पुनर्गठन या बट्टे खाते में डालने जैसे निर्णायक कदम उठाए, उन्होंने बाजार को अपनी मजबूती और जिम्मेदारी का स्पष्ट संकेत दिया—साथ ही अपने उत्पाद और व्यापार मॉडल को भी पुनर्गठित किया।

4. **अब्राहम लिंकन और गृहयुद्ध**
   अब्राहम लिंकन ने गृहयुद्ध के दौरान विभाजन को रोकने के लिए पहले धैर्य और समझौते का मार्ग अपनाया। लेकिन जब संघ (Union) के अस्तित्व पर खतरा आया, तो उन्होंने दृढ़ और निर्णायक कार्रवाई में कोई संकोच नहीं किया। उनका नेतृत्व संतुलित था—धैर्य और कठोर निर्णय दोनों का समन्वय, जिसने राष्ट्र को बचाया।

मुख्य निष्कर्ष

1. नेतृत्व का सत्य अपरिवर्तित है

जिस प्रकार श्री राम ने समुद्र तट पर धैर्य और दृढ़ता का संतुलन प्रदर्शित किया, उसी प्रकार आज के वैश्विक बोर्डरूम और संघर्ष-क्षेत्रों तक, नेतृत्व का मूल सत्य अपरिवर्तित रहता है।

2. धैर्य एक महान गुण है

नेता की वास्तविक शक्ति केवल शांत सुनने और धैर्यपूर्वक समझाने में नहीं, बल्कि तब निर्णायक कदम उठाने के साहस में भी है जब उसके धैर्य को गलत समझा जाए या उसकी परीक्षा ली जाए।

3. धैर्य और साहस का संतुलन

नेतृत्व की परीक्षा तब होती है जब उसे सहनशीलता और दृढ़ता के बीच सही संतुलन बनाना होता है। धैर्य विश्वास का निर्माण करता है, जबकि दृढ़ता सम्मान को पुनः स्थापित करती है।

4. धैर्य विश्वास बनाता है

धैर्य एक श्रेष्ठ गुण है, किंतु जब इसे कमजोरी समझ लिया जाए, तो नेतृत्व को समय पर दृढ़ और निर्णायक रुख अपनाना आवश्यक हो जाता है।

अध्याय 42

निराशा से दृढ़ संकल्प तक – अटल नेतृत्व की शक्ति

एतस्मिन्निहते सैन्ये वानराणां तरस्विनाम्।
यो यो धारयते प्राणांस्तं तमाश्वासयाव ॥ 6.74.6 ॥

इन पराक्रमी वानरों की सेना के इस प्रकार पराजित और हताश हो
जाने पर, जो-जो अभी भी अपने प्राणों को धारण किए हुए हैं,
हम उन सभी को धैर्य और साहस देकर पुनः आश्वस्त करें।

लंका के लिए हुए भीषण युद्ध में एक ऐसा भयावह क्षण आया जिसने युद्ध की दिशा ही बदल दी। रावण के पराक्रमी पुत्र इंद्रजीत ने एक दिव्य अस्त्र का प्रयोग किया, जिसने दो महान योद्धाओं—श्री राम और लक्ष्मण—को धराशायी कर दिया। जो वानर सेना पहले अजेय और प्रचंड थी, वह अचानक निराशा से घिर गई। वातावरण भय और सन्नाटे से भर गया; हथियार गिरने लगे और आशा मानो लुप्त हो गई।

किन्तु उसी अंधकारमय क्षण में दो व्यक्तित्व दृढ़ता के स्तंभ बनकर उभरे—हनुमान और विभीषण। जब अन्य डगमगा रहे थे, तब इन नेताओं ने संघर्षरत सेना के बीच जाकर घायल हृदयों और थके हुए मनोबल को संभाला। उनके शांत आश्वासन ने साहस को पुनः जागृत किया, और उनकी उपस्थिति ने सबको यह स्मरण कराया कि नेतृत्व किसी एक का अधिकार नहीं, बल्कि एक साझा जिम्मेदारी है। उन्होंने वानर योद्धाओं की भावना को पुनर्जीवित किया और उस समय एकता को बनाए रखा, जब बिखराव उनकी दृढ़ता को तोड़ने की धमकी दे रहा था।

यह प्रेरणादायक प्रसंग हमें "शांत नेतृत्व की संरचना" (Architecture of Calm) का सार सिखाता है। हनुमान और विभीषण ने तीन महत्वपूर्ण कार्यों का उदाहरण प्रस्तुत किया, जिन्हें हर नेता को संकट के समय याद रखना चाहिए:

- **निराशा को आत्मसात करना:** वे अडिग और स्थिर रहे, और घबराहट को अपने ऊपर हावी नहीं होने दिया।

- **उद्देश्य को पुनर्स्थापित करना:** उन्होंने भयभीत योद्धाओं को उनके उस महान लक्ष्य की याद दिलाई, जो उनके तत्काल भय से कहीं बड़ा था।

- **एकता बनाए रखना:** उन्होंने सेना को बिखरने से रोका, जब भय उनकी दृढ़ता को तोड़ने का प्रयास कर रहा था।

समकालीन परिप्रेक्ष्य

1. **लाल बहादुर शास्त्री** ने नेहरू के अचानक निधन के बाद एक संकटग्रस्त भारत को संभाला और युद्ध तथा खाद्य संकट के समय अपने शांत आह्वान "जय जवान, जय किसान" के माध्यम से राष्ट्र का मार्गदर्शन किया।

2. **विंस्टन चर्चिल** ने द्वितीय विश्व युद्ध के दौरान लगातार हो रही बमबारी के बीच अपने दृढ़ भाषणों से ब्रिटेन के मनोबल को पुनर्स्थापित किया, जिनमें यथार्थवाद और अटूट संकल्प का संतुलन था।

3. भारत में COVID-19 संकट के दौरान, अनगिनत गुमनाम नायकों—डॉक्टरों, प्रशासनिक अधिकारियों और सामुदायिक नेताओं—ने हनुमान और विभीषण की भूमिका निभाते हुए अभूतपूर्व चुनौतियों के बीच विश्वास को पुनर्जीवित किया।

4. **अकियो मोरिता,** सोनी के सह-संस्थापक, ने युद्धोत्तर जापान के खंडहरों के बीच नवाचार और आशा को प्रेरित किया।

5. **विक्रम बत्रा** ने कारगिल युद्ध में अपने निर्भीक नारे "ये दिल मांगे मोर" के साथ अपने सैनिकों में उत्साह और साहस का संचार किया।

6. **अर्नेस्ट शैकलटन** ने अंटार्कटिका में अपने साथियों के जीवन की रक्षा की और निराशा के बीच लगातार आशा का संचार करते रहे।

प्राचीन महाकाव्यों से लेकर आधुनिक इतिहास तक, इन नेताओं में कुछ सार्वभौमिक गुण समान हैं: प्रेरित करने वाली शांति, साझा नेतृत्व, निष्ठा उत्पन्न करने वाली करुणा, भय को कर्म में बदलने वाला संकल्प, और विपरीत परिस्थितियों में भी बनी रहने वाली एकता।

मुख्य निष्कर्ष

1. शांतता आत्मविश्वास जगाती है

नेतृत्व की स्थिरता और संयम भय के बीच भी लोगों को आश्वासन और भरोसा प्रदान करते हैं।

2. नेतृत्व साझा होता है

जब प्रमुख नेता कमजोर पड़ते हैं, तब अन्य लोगों को आगे आकर निरंतरता बनाए रखनी चाहिए।

3. करुणा निष्ठा को मजबूत करती है

सहानुभूति और आश्वासन आदेशों से अधिक विश्वास और लगाव उत्पन्न करते हैं।

4. संकल्प भय को क्रिया में बदल देता है

दृढ़ निश्चयी नेता अपनी टीम को निष्क्रियता से निकालकर सक्रिय कर देते हैं।

5. एकता विपरीत परिस्थितियों से अधिक समय तक टिकती है

सामूहिक शक्ति और एकजुटता संकट के समय सबसे बड़ा हथियार होती है।

अध्याय 43

बोर्डरूम की फुसफुसाहटों से आगे – मंथरा प्रभाव से संगठन की सुरक्षा

पापेनानृतसान्त्वेन बाले नित्यसखोचिते।
श्री रामं स्थापितं यत् राज्ये सानुबन्धा हता ह्यसि ॥ 2.7.29 ॥

हे मूर्ख स्त्री! जो सदैव सुख-सुविधाओं की आदी रही है, तुझे झूठे और कपटपूर्ण आश्वासनों से बहलाया जा रहा है। वह दुष्ट (राजा दशरथ) श्री राम को राज्य में स्थापित करने जा रहा है। इसलिए तू अपने पुत्र सहित निश्चित ही विनाश को प्राप्त हो चुकी है।

अयोध्या आनंद से परिपूर्ण थी। सड़कें फूलों से सजी थीं, बाजारों में उत्साह का माहौल था, और लोग समूहों में एकत्र होकर श्री राम की प्रशंसा के गीत गा रहे थे। उनके राज्याभिषेक की घोषणा ने हर हृदय को आशा से भर दिया था। नागरिकों के लिए श्री राम का सिंहासन पर आना न्याय, करुणा और सामंजस्य के एक नए युग का प्रतीक था।

महल के भीतर रानी कैकेयी भी प्रसन्न थीं। वे श्री राम को अपने पुत्र समान मानती थीं और उत्सव की तैयारियों में शामिल थीं। परंतु राजमहल में सभी लोग प्रसन्न नहीं थे। कैकेयी की पुरानी और विश्वसनीय दासी मंथरा घटनाओं को भिन्न दृष्टि से देख रही थी। उसे भय था कि श्री राम के राजा बनने पर उसका प्रभाव और भरत का स्थान पीछे छूट जाएगा।

कैकेयी की प्रसन्नता को देखकर मंथरा के मन में ईर्ष्या और स्वार्थ की भावना जाग उठी। वह रानी के पास गई और झूठी चिंता से भरी आवाज़ में बोली—

"हे रानी, तुम क्यों प्रसन्न हो? क्या तुम आने वाले संकट को नहीं देखती? यदि श्री राम राजा बन गए तो भरत उपेक्षित हो जाएगा। तुम्हारा महत्व समाप्त हो जाएगा और तुम कौशल्या की छाया में भुला दी जाओगी।"

कैकेयी चकित रह गईं। प्रारंभ में उन्होंने इन बातों को अस्वीकार कर दिया और कहा कि श्री राम भरत से प्रेम करते हैं और सदा उसका सम्मान करेंगे। परंतु मंथरा ने और अधिक जोर दिया। उसने ऐसा भविष्य चित्रित किया जिसमें कैकेयी उपेक्षित हैं, उनका पुत्र दरकिनार कर दिया गया है और उनका प्रभाव समाप्त हो गया है। धीरे-धीरे कैकेयी के मन में संदेह घर करने लगा। उनके हृदय का आनंद चिंता में बदल गया।

तब मंथरा ने उन्हें दशरथ द्वारा पहले दिए गए दो वरदानों की याद दिलाई। उसने उन्हें इन वरदानों का उपयोग उत्सव के लिए नहीं, बल्कि भरत के लिए सिंहासन प्राप्त करने और श्री राम को वनवास भेजने के लिए करने को प्रेरित किया।

जो भय की एक फुसफुसाहट थी, वह धीरे-धीरे एक मांग का तूफान बन गई। रात होते-होते कैकेयी का हृदय कठोर हो चुका था। वह राजा दशरथ के कक्ष में गईं, वरदानों का दावा किया और असंभव मांग रख दी—श्री राम का चौदह वर्ष का वनवास।

अगली सुबह अयोध्या का आनंदमय उत्सव शोक में बदल गया। लोग रो पड़े, दशरथ शोक में गिर पड़े, और राज्य के भाग्य की दिशा हमेशा के लिए बदल गई। यह सब केवल एक मनोवैज्ञानिक रूप से भ्रामक फुसफुसाहट के कारण हुआ, जिसे समय रहते रोका नहीं गया था।

समकालीन परिप्रेक्ष्य

1. **मार्टिन बोरमैन** (नाजी जर्मनी):
वे सार्वजनिक रूप से लगभग अदृश्य थे, लेकिन उन्होंने **अडोल्फ हिटलर** तक पहुँच को नियंत्रित किया, सूचनाओं को छाना और संदेह के बीज बोए। उनके इस "गेटकीपिंग" ने एक ऐसे इको चैंबर को मजबूत किया जिसने विनाशकारी निर्णयों को तेज कर दिया।

2. **ग्रिगोरी रास्पुटिन** (शाही रूस):
जारीना अलेक्सांद्रा के निकट संबंध और रहस्यमय छवि में लिपटे हुए उन्होंने राज्य-प्रशासन में हस्तक्षेप किया। उनके प्रभाव को लेकर विवाद ने राजतंत्र में विश्वास को कमजोर किया और क्रांतिकारी आंदोलनों को बढ़ावा दिया।
दोनों उदाहरण एक ही प्रक्रिया को दर्शाते हैं—निजी सलाह जो दृष्टिकोण को संकुचित करती है, भय को बढ़ाती है और निर्णय को भटका देती है।

3. **पोल पॉट** (कंबोडिया, 1970 का दशक):
"आंतरिक शत्रुओं" के बारे में फैले फुसफुसाते नेटवर्क ने भय और संदेह को बढ़ाया, जिसके परिणामस्वरूप व्यापक शुद्धिकरण (purges) हुए और कंबोडिया तबाह हो गया।

4. **बेयर स्टर्न्स** (2008 पतन):
नेतृत्व को ऐसे अंदरूनी लोगों द्वारा आश्वस्त किया गया कि तरलता (liquidity) से जुड़े खतरे अतिरंजित हैं—लेकिन कुछ ही दिनों में बाजार घबरा गया और कंपनी ढह गई।

5. **शाह जहाँ** और दारा शिकोह का पतन:
उत्तराधिकारी दारा को समर्थन तब कमजोर पड़ा जब औरंगज़ेब के सहयोगियों ने उसकी उदार नीतियों के बारे में संदेह फैलाया। इन महल-स्तरीय फुसफुसाहटों

ने उसे कमजोर और अयोग्य चित्रित किया, जिससे उत्तराधिकार की दिशा बदल गई।

6. **हैदराबाद राज्य** (1947–48):
निज़ाम ऐसे दरबारियों से घिरे थे जो स्वतंत्रता और भारत से अलग रहने के लिए प्रेरित कर रहे थे। इस प्रभाव ने वास्तविक स्थिति का गलत आकलन करवाया और व्यावहारिक निर्णयों में देरी हुई, जिससे अंततः हैदराबाद का भारत में विलय तेज हुआ।

7. **मीर जाफर** और **सिराज-उद-दौला** (1757, प्लासी का युद्ध):
दरबार में फैले फुसफुसाहटों ने सिराजुद्दौला के प्रति विश्वास को कमजोर किया। मीर जाफर के ब्रिटिशों से किए गए गुप्त वादों और विरोधी अफवाहों ने सेना को विभाजित कर दिया, जिससे औपनिवेशिक विजय संभव हो सकी।

मुख्य निष्कर्ष

1. मौन में भ्रम फैलता है

कैकेयी ने मंथरा के दावों की खुले संवाद से जांच नहीं की। यदि वह अन्य लोगों से सलाह लेती, तो यह भ्रम उजागर हो सकता था। नेताओं को चाहिए कि महत्वपूर्ण निर्णयों से पहले पारदर्शिता और क्रॉस-चेक को बढ़ावा दें।

2. सीमित सलाह सीमित निर्णय बनाती है

जब निर्णय केवल एक ही व्यक्ति की बात पर आधारित होते हैं, तो वे अक्सर व्यक्तिगत हितों को दर्शाते हैं, सामूहिक भलाई को नहीं। अच्छा नेतृत्व विभिन्न विचारों को सुनकर संतुलित निर्णय लेता है।

3. विश्वास को जांच के साथ रखना चाहिए

कैकेयी ने मंथरा पर अंधा विश्वास किया। नेताओं को चाहिए कि वे वफादारी को महत्व दें, लेकिन उसे सत्य, न्याय और धर्म की कसौटी पर परखें।

अध्याय 44

गोल्डन डियर सिंड्रोम: बाहरी चमक के भ्रम से आग

तेन काञ्चनवर्णेन मणिप्रवरशृङ्गिणा।
तरुणादित्यवर्णेन नक्षत्रपथवर्चसा ।।3.43.21।।
बभूव राघवस्यापि मनो विस्मयमागतम्।।

उस स्वर्ण जैसे सुनहरे रंग वाले, श्रेष्ठ रत्नों से सजे सींगों वाले, उगते सूर्य के समान चमकते और आकाशगंगा जैसी आभा वाले मृग को देखकर स्वयं श्री राम का मन भी आश्चर्य से भर गया।

पंचवटी के शांत वन में वनवास का जीवन अपनी धीमी और शांत लय में चल रहा था। श्री राम, सीता और लक्ष्मण एक साधारण परंतु शांत जीवन जी रहे थे, जहाँ कठिनाइयों के बीच भी वे एक-दूसरे से शक्ति पाते थे।

एक सुबह जब सूर्योदय की लालिमा आकाश में फैल रही थी, तभी सीता जी की दृष्टि एक अद्भुत दृश्य पर पड़ी। वृक्षों के बीच से एक ऐसा जीव निकलकर आया जैसा उन्होंने पहले कभी नहीं देखा था—एक स्वर्ण मृग। उसकी देह पिघले हुए सोने की तरह चमक रही थी, सींग रत्नों से सजे थे और उसके प्रत्येक कदम से वनभूमि पर प्रकाश बिखर रहा था। वह दृश्य अत्यंत मनोहर और मोहक था।

सीता आश्चर्य से भर उठीं। उन्होंने धीरे से श्री राम से कहा,

"प्रभु, देखिए! ऐसा सौंदर्य इस वन में पहले कभी नहीं देखा गया। यदि हम इस स्वर्ण मृग को पकड़ सकें, तो यह हमारे सरल जीवन के लिए एक अनमोल उपहार होगा।"

श्री राम की दृष्टि भी उस चमकते हुए मृग पर टिक गई। कुछ क्षणों के लिए वन की कठिनाइयाँ और खतरे उनके मन से दूर हो गए और वे भी उस सौंदर्य से प्रभावित हो उठे।

परंतु लक्ष्मण की दृष्टि सतर्क थी। उन्होंने तुरंत चेतावनी दी,

“भैया, ऐसा अत्यंत चमकदार जीव इस वन में स्वाभाविक नहीं हो सकता। यह सौंदर्य छल भी हो सकता है।”

फिर भी सीता की इच्छा दृढ़ थी। उनके आग्रह पर श्री राम ने धनुष उठाया और उस स्वर्ण मृग के पीछे चल पड़े। उन्होंने कहा,

“तुम दोनों सुरक्षित रहना।”

जो यात्रा सुंदरता की खोज में शुरू हुई थी, वह धीरे-धीरे एक खतरनाक पीछा बन गई। मृग बहुत चतुराई से भागता रहा और हमेशा पकड़ से बाहर रहता हुआ श्री राम को जंगल की गहराइयों में ले जाता रहा। वह स्वर्ण मृग वास्तव में राक्षस मारीच था, जिसने यह छल का जाल रचा था।

जैसे ही श्री राम वन में दूर चले गए, सीता कुटिया में अकेली और असुरक्षित रह गईं। उन्हें इस बात का आभास नहीं था कि एक चमकदार भ्रम के कारण लिया गया यह छोटा-सा निर्णय आगे चलकर अयोध्या के इतिहास को बदल देगा—सीता हरण, रावण का उदय और महान युद्ध इसी घटना की परिणति बने।

समकालीन परिप्रेक्ष्य

1. **भूमि स्वामित्व योजना घोटाला**
   ग्रामीण निवेशकों को ज़मीन के मालिक बनने का सपना दिखाया गया। आकर्षक ब्रोशर और बड़े स्तर की मार्केटिंग ने एक बड़े पोंज़ी स्कैम की सच्चाई छिपा दी।

2. **लुकिं कॉफ़ी** (चीन, 2020)
   लुकिं कॉफ़ी को "अगला स्टारबक्स" बताया गया। सुंदर ब्रांडिंग और तेज़ विस्तार के पीछे बिक्री के झूठे आंकड़े छिपे थे।

3. **वायरकार्ड** (जर्मनी, 2020)
   Wirecard को यूरोप का फिनटेक गौरव कहा गया। लेकिन इसके पीछे लगभग €1.9 बिलियन का लेखा-जोखा घोटाला सामने आया।

4. **बर्नी मेडोफ़्फ़ घोटाला** (2008)
   बर्नी मेडोफ़्फ़ ने दुनिया भर के निवेशकों को "स्थिर रिटर्न" का लालच दिया। बाद में यह इतिहास का सबसे बड़ा पोंज़ी स्कैम साबित हुआ।

5. **डॉटकॉम बबल** (1990s)
   डॉटकॉम बबल के दौरान Pets.com जैसी कंपनियाँ विज्ञापनों और प्रचार-प्रसार के कारण चमकदार दिखीं, लेकिन उनके पास टिकाऊ बिज़नेस मॉडल नहीं था।

6. **लेखक का व्यक्तिगत अनुभव** (Personal Case)
   एक हाउसिंग फाइनेंस कंपनी ने COVID के बाद कम डिफॉल्ट दरें दिखाईं, जो बहुत "असामान्य रूप से अच्छी" लग रही थीं। गहराई से जांच करने पर कमजोर नियंत्रण सामने आए और निवेश से बचने का निर्णय लिया गया। बाद में डिफॉल्ट और रेटिंग डाउनग्रेड ने उस सावधानी को सही साबित किया।

मुख्य निष्कर्ष

1. जांच-पड़ताल अनिवार्य है

जिस तरह श्री राम ने स्वर्ण मृग की अस्वाभाविक चमक पर संदेह नहीं किया, उसी तरह बिना गहराई से जांच किए निर्णय लेना नुकसानदायक हो सकता है।

- डेटा की जांच, तथ्यों की पुष्टि और दावों को चुनौती देना जरूरी है।

2. संदेह रखना समझदारी है, न कि नकारात्मकता

अंधा भरोसा नहीं, लेकिन बेवजह शक भी नहीं (healthy scepticism) मूल्य की रक्षा करता है।

- गलत भरोसे से बाद में पछताने से बेहतर है कि शुरुआत में ही कठिन सवाल पूछे जाएँ।

3. कहानियों से ज्यादा सिस्टम महत्वपूर्ण हैं

जैसे थेरानॉस की चमकदार कहानी के पीछे वास्तविक तकनीकी कमजोरी छिपी थी।

- संगठनों को मजबूत सिस्टम और पारदर्शिता पर ध्यान देना चाहिए, न कि केवल आकर्षक कहानियों पर।

4. दीर्घकालिक भरोसा, अल्पकालिक आकर्षण से बेहतर है

रावण का जाल तुरंत लाभ जैसा लगा, लेकिन अंत में विनाशकारी साबित हुआ।

- स्थायी सफलता केवल मजबूत बुनियाद और भरोसे पर टिकती है, न कि क्षणिक चमक पर।

अध्याय 45

नेतृत्व का आधार प्रेरणा होनी चाहिए, न कि भय

निदेशवर्तिनः सर्वे सर्वे गुरुविहिते रताः।
अभिप्रेतमनुष्ठातुं तव शिक्षिष्यन्त्यरिन्दम ॥4.40.6॥

हे शत्रुदमन श्री राम! आपके सभी अनुयायी आपके आदेश का पालन करने वाले हैं। वे अपने गुरुओं के बताए मार्ग पर चलने में तत्पर रहते हैं और आपके मन की इच्छा को पूर्ण करने में सक्षम हैं।

यह निष्ठा किसी दबाव या आदेश से नहीं, बल्कि **प्रेरणा से उत्पन्न हुई थी।** श्री राम ने वनवास के दौरान भी सुग्रीव का सम्मान किया, जबकि अन्य लोग उनका उपहास करते थे। उन्होंने उनसे मित्रता का हाथ बढ़ाया और वानर सेना का नेतृत्व स्वयं अपने पास न रखकर **सुग्रीव को सौंप दिया।**

उन्होंने विभीषण का स्वागत किया, जब उसने अपने ही भाई का साथ छोड़ दिया था, और उसके इरादों पर संदेह करने के बजाय उसकी सलाह को महत्व दिया। इसी तरह, उन्होंने हनुमान को केवल एक योद्धा नहीं, बल्कि एक पुत्र के समान अपनाया, उनकी असीम भक्ति को पहचानते हुए।

यहाँ तक कि साधारण वानर, जिन्होंने लंका तक पुल बनाने के लिए पत्थर ढोए, उन्हें भी इस महान उद्देश्य का महत्वपूर्ण हिस्सा माना गया।

जब श्री राम बोलते थे, तो उनकी वाणी में कठोरता नहीं, बल्कि **गरिमा और करुणा** होती थी। जब वे युद्ध करते थे, तो वे सबसे आगे रहकर अपने साथियों के साथ अपने जीवन को भी जोखिम में डालते थे। और जब निराशा आती थी—जैसे लक्ष्मण के घायल होने पर—तो उनकी शांत वाणी फिर से आशा जगाती थी।

इसी कारण, वे वनवासी वानर, जिनका उनसे कोई बाध्यकारी संबंध नहीं था, ऐसी वीरता से लड़े जिसे कोई धन खरीद नहीं सकता था। वे भय या पुरस्कार के लिए नहीं, बल्कि इसलिए लड़े क्योंकि उन्हें श्री राम पर विश्वास था।

वे उनमें **धर्म, विनम्रता और साहस** का साक्षात रूप देखते थे, और इसलिए वे उन्हें छोड़ नहीं सकते थे।

और इस प्रकार, जब युद्ध आरंभ हुआ, तो वह केवल श्री राम का युद्ध नहीं था—वह एक संयुक्त शक्ति थी जो विश्वास, सम्मान और प्रेम से जुड़ी थी। ऐसी शक्ति जिसे भय पर आधारित कोई भी साम्राज्य पराजित नहीं कर सकता था।

समकालीन परिप्रेक्ष्य

1. **मेट्रो साइट पर ई. श्रीधरन (Metro Man)**

   सुबह-सुबह मेट्रो साइट पर एक छोटा सा बोल्ट ट्रैक पर पड़ा होता है। "मेट्रो मैन" E. Sreedharan खुद झुककर उसे उठाते हैं और अपनी जेब में रख लेते हैं—कोई भाषण नहीं, कोई दिखावा नहीं। यह साधारण सा कार्य, जिसे कुछ ही इंजीनियर देखते हैं, किसी भी मेमो से तेज़ी से पूरे सिस्टम में फैल जाता है। संदेश स्पष्ट होता है: यदि नेता खुद खुले पड़े बोल्ट को अनदेखा नहीं करता, तो टीम भी नहीं करेगी।

   इसके परिणामस्वरूप काम समय पर पूरा होने लगता है, बर्बादी कम होती है और लोगों में अपने काम के प्रति गर्व बढ़ता है। यहाँ डर ने काम को समय पर नहीं पहुँचाया, बल्कि नेता द्वारा स्थापित किया गया **स्पष्ट और जीवंत मानक** सफल हुआ।

2. **पेप्सीको टाउन हॉल – उद्देश्य के साथ प्रदर्शन**

   पेप्सीको में इंद्रा नूयी ने "सार्थक उद्देश्य के साथ प्रदर्शन" की अवधारणा प्रस्तुत की। इसका अर्थ था कि विकास केवल स्वास्थ्य, पर्यावरणीय स्थिरता और मानवीय गरिमा पर आधारित होना चाहिए। लक्ष्य वही रहे, लेकिन कहानी बदल गई—अब केवल यह महत्वपूर्ण नहीं था कि हम कितनी तेज़ी से बढ़ रहे हैं, बल्कि यह भी कि हम क्यों बढ़ रहे हैं।

   इसके परिणामस्वरूप उत्पादों का स्वरूप बदला, निवेश की दिशा बदली और बैठकों की भाषा भी बदल गई। लोग अब डाँट से बचने के लिए नहीं दौड़ रहे थे, बल्कि एक ऐसे मिशन की ओर बढ़ रहे थे जिसे वे अपने बच्चों के सामने भी सही ठहरा सकें।

   इस प्रकार, "उद्देश्य" संगठन के लिए एक मार्गदर्शक सिद्धांत बन गया।

3. राहुल द्रविड़ और सुरक्षित सीखने का माहौल

नेट प्रैक्टिस में एक युवा बल्लेबाज़ लगातार तीन बार आउट हो जाता है। कोई डांट या व्यंग्य नहीं होता।

कोच राहुल द्रविड़ अभ्यास को दोबारा सरल बनाते और खिलाड़ी के साथ तब तक रहते, जब तक उसका आत्मविश्वास लौट नहीं आता। बाद में, कैमरों के सामने श्रेय सभी में बाँटा जाता है; और निजी रूप से सुधार बहुत विशिष्ट और सौम्य तरीके से दिए जाते हैं। इससे यह संदेश स्पष्ट हो जाता है कि यह ऐसी जगह है जहाँ आप असफल होने के डर के बिना कठिन प्रयास कर सकते हैं। इसी सुरक्षा के माहौल में लोगों की क्षमता लगातार बढ़ती और विकसित होती रहती है।

मुख्य निष्कर्ष

1. नम्रता और साहस के साथ उदाहरण प्रस्तुत कर नेतृत्व करना

सच्चे नेता अपने कार्यों से प्रेरणा देते हैं, न कि केवल शब्दों से। वे अपनी टीम के साथ जोखिम और चुनौतियाँ साझा करते हैं, सामने से नेतृत्व करते हैं और कठिन परिस्थितियों में भी गरिमा बनाए रखते हैं—जैसे श्री राम ने अपनी सेना के साथ मिलकर युद्ध किया और अपने साथियों में आशा बनाए रखी।

2. सम्मान और समावेशन के माध्यम से विश्वास निर्माण

प्रत्येक व्यक्ति के योगदान का सम्मान करना और उसे महत्व देना, तथा विभिन्न प्रकार के सहयोगियों को बिना संदेह स्वीकार करना, एक ऐसे वातावरण का निर्माण करता है जहाँ वास्तविक निष्ठा विकसित होती है और लोग केवल बाध्य होकर नहीं, बल्कि स्वेच्छा से अतिरिक्त प्रयास करते हैं, जो केवल औपचारिक आज्ञापालन से कहीं आगे होता है।

3. उद्देश्य-आधारित नेतृत्व प्रतिबद्धता को बढ़ाता है

वे नेता जो एक उच्च और नैतिक उद्देश्य को स्पष्ट रूप से व्यक्त करते हैं और स्वयं भी उसी के अनुरूप जीवन जीते हैं, वे अपनी टीम में गहरी प्रतिबद्धता पैदा करते हैं। इंद्रा नूयी द्वारा प्रस्तुत "सार्थक उद्देश्य के साथ प्रदर्शन" इसका एक उदाहरण है।
वे संगठनात्मक लक्ष्यों को साझा मूल्यों के साथ जोड़ते हैं, जिससे लोगों में वास्तविक और दीर्घकालिक जुड़ाव और प्रेरणा उत्पन्न होती है।

4. छोटे ईमानदारीपूर्ण कार्य शक्तिशाली मानक स्थापित करते हैं

दृश्यमान और निरंतर ईमानदारी से किये गए छोटे-छोटे कार्य, जैसे **ई. श्रीधरन** द्वारा एक छोटे बोल्ट को उठाना, उत्कृष्टता की संस्कृति का निर्माण करते हैं। ये कार्य टीम को उच्च मानकों को अपनाने के लिए प्रेरित करते हैं, बिना भय-आधारित नियंत्रण के।

सेवानिवृत्ति
(Retirement)

अध्याय 46

एक नेतृत्वकर्ता भविष्य में नेतृत्व के हस्तांतरण की योजना पहले से ही कर लेता है

प्रकृतीनां हितैः युक्तं प्रकृतिप्रियकाम्यया।
यौवराज्येन संयोजितुम् ऐच्छत् प्रीत्या महीपतिः॥1.1.20॥

प्रजा के हित के लिए उपयुक्त गुणों से युक्त और स्वाभाविक रूप से सभी के प्रिय, ऐसे श्री राम को देखकर राजा दशरथ ने स्नेहपूर्वक उन्हें युवराज (उत्तराधिकारी) बनाने की इच्छा की।

नेतृत्व का अर्थ केवल वर्तमान में शासन करना नहीं, बल्कि भविष्य के लिए तैयारी करना भी है। एक सच्चे नेतृत्वकर्ता का सबसे महत्वपूर्ण, लेकिन अक्सर अनदेखा किया जाने वाला गुण यह है कि वह **उत्तराधिकार की सोच-समझकर और पहले से ही योजना बनाता है**। यह दूरदृष्टि नेतृत्व के समाप्त होने के बाद भी निरंतरता, स्थिरता और समृद्धि सुनिश्चित करती है।

बहुत समय पहले, अयोध्या के राज्य में राजा दशरथ अपनी प्रजा के कल्याण के प्रति अत्यंत सजग थे। वे ऐसे गुणों से युक्त थे जो सभी जीवों के लिए हितकारी थे, और वे सदैव स्वाभाविक तथा उचित मार्ग अपनाने के इच्छुक रहते थे। उनका सबसे गहरा स्नेह अपने ज्येष्ठ पुत्र श्री राम के प्रति था, जिन्हें वे राज्य के भविष्य का उत्तराधिकारी बनाना चाहते थे। पवित्र ग्रंथ (वाल्मीकि रामायण) इस भावना का सुंदर वर्णन करता है।

यह इच्छा केवल एक पिता का प्रेम नहीं थी, बल्कि एक नेतृत्वकर्ता की दूरदर्शी और सुविचारित योजना थी, जिसका उद्देश्य स्थिर शासन सुनिश्चित करना था। दुर्भाग्यवश,

मंथरा की दुष्ट सलाह और रानी कैकेयी के आग्रह के कारण श्री राम को समय पर राजा बनने से रोक दिया गया। फिर भी, श्री राम का सच्चा नेतृत्व शक्ति के क्षणों में नहीं, बल्कि दूरदृष्टि के क्षणों में प्रकट हुआ।

जब श्री राम का शासनकाल समाप्त हुआ, तो उन्होंने राज्य को अनिश्चितता या अराजकता के हवाले नहीं छोड़ा। इसके बजाय, उन्होंने वह कदम उठाया जिसे कई नेतृत्वकर्ता अनदेखा कर देते हैं—उन्होंने उत्तराधिकार की योजना बनाई। उन्होंने अपने पुत्रों लव और कुश को क्रमशः उत्तर और दक्षिण क्षेत्रों का शासक नियुक्त किया। उन्हें जिम्मेदारी और अधिकार सौंपकर, उन्होंने सुनिश्चित किया कि अयोध्या निरंतर समृद्ध रहे, सुशासन की परंपरा बनी रहे, और उनके जाने के बाद राज्य में कोई अव्यवस्था न उत्पन्न हो।

समकालीन परिप्रेक्ष्य

1. राहुल बजाज ने अपने चचेरे भाइयों शेखर बजाज, मधुर बजाज और नीरज बजाज के साथ मिलकर एक पारिवारिक समझौता किया। इसमें हर सदस्य की संपत्ति, नियंत्रण और जिम्मेदारियाँ स्पष्ट रूप से तय की गईं।
   उन्होंने एक ही चेयरमैन के बजाय परिवार परिषद के माध्यम से मिलकर निर्णय लेने की व्यवस्था बनाई। उनके पास 37 कंपनियाँ हैं, जिनमें अलग-अलग काम अलग-अलग परिवार के सदस्य संभालते हैं और अच्छे संचालन के लिए पेशेवर प्रबंधकों को भी रखा गया है।
   इस सोच-समझकर की गई योजना ने परिवार के व्यवसाय में होने वाले झगड़ों और अस्थिरता को रोक दिया। खास बात यह है कि बजाज समूह ने पारदर्शिता और सभी को शामिल करने की नीति अपनाई—परिवार की बेटियाँ भी परिषद का हिस्सा हैं और सभी मुख्य सदस्यों को सार्वजनिक रूप से मान्यता दी जाती है। इस स्पष्टता और दूरदर्शिता ने सौ साल पुराने इस समूह की विरासत को सुरक्षित रखा और लगातार विकास व निवेशकों का भरोसा बनाए रखा।

2. एक और प्रेरणादायक उदाहरण हर्ष मारीवाला का है, जो मैरिको के संस्थापक हैं। उन्होंने समझा कि किसी कंपनी की लंबी उम्र केवल एक मजबूत संस्थापक पर निर्भर नहीं हो सकती।
   उन्होंने कंपनी को प्रमोटर आधारित से प्रोफेशनल प्रबंधन वाली कंपनी में बदल दिया। उन्होंने सौगत गुप्ता को आगे बढ़ाया, जो मेहनत से कंपनी के मुख्य कार्यकारी अधिकारी और प्रबंध निदेशक बने। हर्ष मारीवाला ने स्वयं चेयरमैन रहते हुए धीरे-धीरे जिम्मेदारियाँ सौंपीं और मार्गदर्शन किया, ताकि नेतृत्व का बदलाव आसानी से हो सके। उन्होंने नवाचार, खुली संस्कृति और अच्छे शासन जैसे मजबूत नियम बनाए, जिससे कंपनी किसी एक व्यक्ति पर नहीं, बल्कि अपनी प्रणाली और प्रतिभा पर निर्भर रहे।

3. इसी तरह एशियन पेंट्स का उदाहरण भी महत्वपूर्ण है। इसके चार संस्थापक परिवारों ने मिलकर साफ नियम बनाए। उन्होंने पेशेवर मुख्य कार्यकारी अधिकारी को कंपनी चलाने की जिम्मेदारी दी और परिवार केवल मालिक के रूप में जुड़े रहे। इससे पारिवारिक झगड़े नहीं हुए और कंपनी ने वैश्विक स्तर पर तेजी से विकास किया।

मुख्य निष्कर्ष

1. उत्तराधिकार योजना निरंतरता सुनिश्चित करती है

पहले से उत्तराधिकारियों की योजना बनाकर नेतृत्वकर्ता अपनी विरासत को एक जीवित निरंतरता में बदल देते हैं। जैसे श्री राम द्वारा लव और कुश की नियुक्ति, और राहुल बजाज द्वारा अपने पुत्रों के लिए स्पष्ट भूमिका निर्धारण, योजनाबद्ध उत्तराधिकार शासन में रिक्तता (vacuum) को रोकता है और संगठन की दीर्घायु की रक्षा करता है।

2. उत्तराधिकारियों को तैयार करना (योग्यता और आत्मविश्वास के लिए)

उत्तराधिकार केवल सत्ता सौंपना नहीं है, बल्कि सक्षम और आत्मविश्वासी उत्तराधिकारी तैयार करना है। मार्गदर्शन और प्रशिक्षण से वे चुनौतियों का सामना करने और विकास बनाए रखने के लिए तैयार होते हैं।

3. स्पष्ट भूमिकाएँ तय करना (संघर्ष रोकने के लिए)

जिम्मेदारियों और कार्यक्षेत्र को स्पष्ट करने से प्रतिस्पर्धा, भ्रम और टकराव से बचा जा सकता है। इससे जवाबदेही बढ़ती है और परिवर्तन (transition) आसान होता है।

4. रणनीतिक दूरदर्शिता (संकट से बचाव के लिए)

सक्रिय नेतृत्व भविष्य की समस्याओं का पहले से अनुमान लगाकर समय रहते कदम उठाता है। इससे सत्ता संघर्ष, अस्थिरता और संगठन के पतन को रोका जा सकता है।

अध्याय 47

सच्चे नेतृत्व की पहचान: प्रेम की विरासत, न कि अधिकार का प्रदर्शन

ततः सर्वाः प्रकृतयो हृष्टपुष्टजनावृताः।
गच्छन्तमनुगच्छन्ति राघवं गुणजिताः॥||7.109.14 ||
ततः स स्त्रीपुमांसस्ते सपक्षिपशुबान्धवाः।
राघवस्याऽनुगाः सर्वे हृष्टा विगतकल्मषाः॥ |7.109.15||

तब सभी प्रजा—जो प्रसन्न और संतुष्ट लोगों से घिरी हुई थी—श्री राम के गुणों से प्रभावित होकर उन्हें जाते हुए देखकर उनके पीछे-पीछे चलने लगी। स्त्री, पुरुष, पक्षी और पशु सभी—जो उनके साथी और प्रिय थे—श्री राम के अनुयायी बन गए। वे सभी प्रसन्न थे और उनके मन से दुख और अशुद्ध भाव दूर हो गए थे।

जब श्री राम का पृथ्वी पर शासन समाप्त होने वाला था, तब अयोध्या शोक में नहीं, बल्कि शांति और संतोष में चमक रही थी। लोग उनके जाने का विरोध करने के लिए नहीं, बल्कि उनके साथ चलने के लिए एकत्र हुए थे। स्वर्ण नगरी की गलियों में शांत भक्ति की गूंज थी। पुरुष, स्त्रियाँ, वृद्ध, बच्चे—यहाँ तक कि वृक्षों पर बैठे पक्षी भी एक अद्भुत आनंद से भर गए थे। सभी लोग उनके पीछे चल रहे थे, उनके हृदय निर्मल और पवित्र थे।

यह कोई सामान्य विदाई नहीं थी। वहाँ आँसू या विलाप नहीं था, बल्कि पूर्णता और कृतज्ञता का गहरा भाव था। लोगों को पता था कि उनके प्रिय श्री राम ने अपना कर्तव्य पूर्ण रूप से निभाया है। उन्होंने न्याय, करुणा और समानता के साथ शासन किया था। उन्होंने उन्हें व्यवस्था, सुरक्षा और जीवन का उद्देश्य दिया था।

श्री राम का जीवन सदा मर्यादा और धर्म पर आधारित रहा। और इस क्षण में, विदाई के समय भी उन्होंने उसी धर्म का पालन पूर्णता के साथ किया।

वे कर्तव्य से दूर नहीं जा रहे थे, बल्कि अनंत की ओर अग्रसर हो रहे थे।

उस दिन अयोध्या ने नेतृत्व का सर्वोच्च रूप देखा—जब अनुयायी आदेश से नहीं, बल्कि प्रेम से अपने नेता का अनुसरण करते हैं।

सच्चा नेता पीछे भय का खालीपन नहीं छोड़ता, बल्कि सद्भावना की सुगंध छोड़ जाता है। उसकी विरासत नीतियों या भवनों में नहीं, बल्कि लोगों में होती है—उनके विश्वास, कृतज्ञता और प्रेम में।

नेतृत्व का मूल अर्थ नियंत्रण नहीं, बल्कि संबंध (connection) है। यह लोगों को अधिक मजबूत, मूल्यों को गहरा और संस्थाओं को स्थिर बनाने के बारे में है।

समकालीन परिप्रेक्ष्य

1. **डॉ. ए.पी.जे. अब्दुल कलाम — "जनता के राष्ट्रपति"**
   डॉ. ए.पी.जे. अब्दुल कलाम ने सरल जीवन जिया, शांत स्वर में बात की और लाखों लोगों को प्रेरित किया। जब वे छात्रों को संबोधित करते हुए इस दुनिया से विदा हुए, तो देश ने केवल एक राजनेता को नहीं खोया, बल्कि एक मार्गदर्शक को खोया। उनकी शक्ति उनके पद में नहीं, बल्कि उनके उद्देश्य की पवित्रता में थी।

2. **नेल्सन मंडेला**
   दक्षिण अफ्रीका को मेल-मिलाप के मार्ग पर ले जाने के बाद **नेल्सन मंडेला** ने स्वयं केवल एक कार्यकाल के बाद पद छोड़ दिया। उनका गरिमामय विदाई का निर्णय उन्हें एक राष्ट्रपति से आगे बढ़ाकर एक किंवदंती (legend) बना गया। आज भी उनका नाम क्षमा और गरिमा का प्रतीक है।

3. **महात्मा गांधी**
   महात्मा गांधी ने न तो कोई सेना संभाली और न ही कोई सरकारी पद, फिर भी उन्होंने राष्ट्रों की दिशा बदल दी। उनकी शक्ति उनके अंतःकरण से आती थी। जब उनका निधन हुआ, तो लाखों लोगों को ऐसा लगा जैसे मानवता की भलाई का एक स्तंभ टूट गया हो।

4. **रतन टाटा**
   पद से हटने के बाद भी रतन टाटा भारतीय कॉर्पोरेट जगत के नैतिक मार्गदर्शक बने रहे। कर्मचारी, उद्यमी और प्रतिस्पर्धी भी उन्हें सम्मान और प्रशंसा के कारण याद करते हैं, न कि किसी बाध्यता के कारण।

5. विनोबा भावे

विनोबा भावे का भूदान आंदोलन गाँव-गाँव में निःस्वार्थता की भावना फैलाता गया। ग्रामीण भारत के लिए वे केवल एक सुधारक नहीं थे, बल्कि एक पूजनीय संत समान थे, जिनका जीवन स्वयं एक उपदेश था।

6. सर एलेक्स फर्ग्यूसन

जब महान मैनचेस्टर यूनाइटेड के कोच सर एलेक्स फर्ग्यूसन ने 26 वर्षों के बाद संन्यास लिया, तो स्टेडियम जीत के नारों से नहीं, बल्कि कृतज्ञता के आँसुओं से भर गए। उनका नेतृत्व ट्रॉफियों से आगे निकल चुका था; वह अब विश्वास बन चुका था।

मुख्य निष्कर्ष

1. जब शक्ति समाप्त होती है, तब प्रेम शुरू होता है।

श्री राम का अयोध्या से अंतिम प्रस्थान किसी शासन का अंत नहीं था, बल्कि एक विरासत की शुरुआत थी। उन्होंने यह सिद्ध किया कि नेतृत्व का सबसे सच्चा माप यह नहीं है कि आपके आने पर कितनी तालियाँ बजती हैं, बल्कि यह है कि आपके विदा होने पर लोग स्वेच्छा से आपके पीछे चलते हैं।

2. एक शासक के पास राजसिंहासन होता है, लेकिन एक नेता लोगों के दिलों पर राज करता है

और जब लोग आपके पीछे चलते हैं—मजबूरी में नहीं, बल्कि इच्छा से—तब आप केवल नेता नहीं रहते, आप एक आदर्श बन जाते हैं।

अध्याय 48

एक सीईओ को सही समय पर गरिमापूर्ण विदाई की योजना बनानी चाहिए

कोशल देशे कुशं वीरं उत्तरेषु तथा लवम्।
अभिषिच्य महात्मा रामः कुशीलवौ॥ ||7.107.17||

महात्मा श्री राम ने अपने वीर पुत्र कुश को उत्तर दिशा में और लव को दक्षिण दिशा में राज्य का शासक बनाकर अभिषेक किया।

जैसे श्री राम के शासन का सूर्य संध्या की ओर ढल रहा था, वैसे ही अयोध्या शोक में नहीं, बल्कि शांति में स्नान कर रही थी। वे गलियाँ, जो कभी शंखध्वनि और राजकीय घोषणाओं से गूंजती थीं, अब श्रद्धा और सम्मान की मधुर ध्वनि से भर गई थीं। राज्य के हर कोने से लोग एकत्र हुए—उनके निर्णय का विरोध करने के लिए नहीं, बल्कि अपने प्रिय राजा के अंतिम यात्रा में उनके साथ चलने के लिए।

वहाँ न विद्रोह था, न अशांति, न ही परित्याग का दुख। इसके स्थान पर एक अद्भुत शांति का वातावरण था—यह स्वीकार करते हुए कि जो हो रहा है, वह उचित है। जैसा कि वाल्मीकि ने वर्णन किया है, नागरिक **हृष्ट-विगत-कल्मषाः** थे—आनंदित, और उनके हृदय सभी अशुद्धियों से मुक्त थे।

न्याय और धर्म पर आधारित एक आदर्श शासन के बाद, श्री राम जानते थे कि अब समय आ गया है। नए ऊर्जा, नई दिशा और नए उद्देश्य को जन्म देने का समय। उन्होंने न केवल एक राजा के रूप में, बल्कि धर्म के संरक्षक के रूप में अपने कर्तव्य को पूर्ण किया था। पद छोड़ने से पहले उन्होंने निरंतरता सुनिश्चित की—अपने पुत्र लव और

कुश को दोनों क्षेत्रों का शासक नियुक्त करके। इससे राज्य बिखरता नहीं, बल्कि आगे बढ़ता।

इस एक कार्य में श्री राम ने नेतृत्व को नए अर्थ दिए। उनका पदत्याग पलायन नहीं था—यह पुनर्नवीकरण (renewal) था। यह इस समझ का प्रतीक था कि शक्ति, जीवन की तरह, अस्थायी है, और उससे चिपके रहना धर्म की स्वाभाविक गति के विरुद्ध है।

एक सच्चा नेतृत्वकर्ता परिस्थितियों के दबाव में हटता नहीं, बल्कि सही समय पर स्वयं आगे बढ़कर जिम्मेदारी सौंप देता है।

समकालीन परिप्रेक्ष्य

1. उदाहरण के लिए, अज़ीम प्रेमजी ने केवल विप्रो का निर्माण नहीं किया—उन्होंने विप्रो के भविष्य का भी निर्माण किया। बहुत पहले ही उन्होंने शासन व्यवस्था, पेशेवर प्रबंधन और परोपकार को संस्थागत रूप दे दिया था। जब उन्होंने अंततः नेतृत्व की बागडोर सौंपी, तब कोई अव्यवस्था या रिक्तता नहीं थी—केवल गरिमा और कृतज्ञता थी। उन्होंने एक परिवार-चालित कंपनी को एक पेशेवर रूप से संचालित संस्था में बदल दिया था।

2. सुनील गावस्कर ने खेल जगत से एक समान शिक्षा दी। बैंगलोर में उनकी अंतिम टेस्ट पारी साहस और समय-प्रबंधन का उत्कृष्ट उदाहरण थी। उन्होंने तब संन्यास लिया जब तालियाँ अभी भी गूंज रही थीं, यह सिद्ध करते हुए कि गरिमापूर्ण विदाई उतनी ही प्रेरणादायक हो सकती है जितना उत्कृष्ट प्रदर्शन।

3. रोजर फेडरर ने भी विश्वभर में प्रशंसा के बीच करियर को विराम दिया। उन्होंने इसलिए नहीं छोड़ा क्योंकि उनके पास देने के लिए कुछ नहीं बचा था, बल्कि इसलिए कि वे जानते थे कि महानता केवल जीत से चिपके रहने में नहीं है—बल्कि एक सुंदर और सम्मानजनक विरासत छोड़ने में है।

4. जॉर्ज वॉशिंगटन ने एक अमर उदाहरण प्रस्तुत किया। दो कार्यकाल पूरे करने के बाद उन्होंने स्वेच्छा से सत्ता छोड़ दी, और लोकतंत्र को उसकी नैतिक मजबूती प्रदान की। उनका विदाई भाषण उत्तरदायी नेतृत्व का आधार बना—जिसने दुनिया को यह याद दिलाया कि पद हमेशा पदाधिकारी से बड़ा होना चाहिए।

इसके विपरीत, इतिहास हमें सत्ता में लंबे समय तक बने रहने के खतरों के बारे में भी चेतावनी देता है। **मुअम्मर गद्दाफी** और **रॉबर्ट मुगाबे** जैसे नेताओं ने, जो अपनी प्रभावी अवधि से कहीं अधिक समय तक सत्ता से चिपके रहे, अपनी विरासत को

अंततः अराजकता में बिखरते हुए देखा। गरिमापूर्ण तरीके से पद छोड़ने से उनके इनकार ने दशकों की उपलब्धियों को एक ही क्षण में अहंकार के कारण मिटा दिया।

सीईओ के जीवन चक्र की सच्चाई

हर सीईओ की यात्रा तीन चरणों में होती है: **उत्थान, उपलब्धि और पदत्याग।** चुनौती यह है कि यह समझना कि शिखर कब पार हो चुका है। उसके बाद वही गुण, जो सफलता दिलाते हैं, स्थिरता में बाधा बन सकते हैं।

- **क्षय (Decay):** जब वही नेतृत्व शैली बिना बदलाव के जारी रहती है, तो नवाचार धीमा पड़ जाता है और ऊर्जा कम हो जाती है।
- **निर्भरता (Dependency):** संगठन व्यक्ति पर निर्भर होने लगता है, न कि दृष्टि पर।
- **भ्रम (Drift):** स्पष्ट उत्तराधिकारी के बिना परिवर्तन के समय संगठन में भ्रम और पूंजी हानि का जोखिम बढ़ जाता है।

GRACE Framework — एक सोच-समझकर बनाई गई विदाई की संरचना

एक गरिमापूर्ण नेतृत्व परिवर्तन कोई संयोग नहीं होता—यह एक सुनियोजित और सोच-समझकर की गई प्रक्रिया होती है। बोर्ड और सीईओ इसे संस्थागत रूप देने के लिए GRACE मॉडल का उपयोग कर सकते हैं:

G — Governance (शासन व्यवस्था)

उत्तराधिकार योजना के लिए पारदर्शी नियम और स्पष्ट जिम्मेदारियाँ तय करें।

नामांकन और पारिश्रमिक समिति (NRC) को इस प्रक्रिया को निष्पक्ष रूप से आगे बढ़ाना चाहिए।

R — Readiness (तैयारी)

संभावित उत्तराधिकारियों की पहचान पहले से करें और उन्हें विकसित करें।

उन्हें नेतृत्व करने और सुरक्षित रूप से गलतियाँ करने के अवसर दें।

A — Alignment (सामंजस्य)

निवेशकों, नियामकों और वरिष्ठ नेतृत्व को पहले से जानकारी दें, ताकि किसी प्रकार का आश्चर्य या अफवाह न फैले।

C — Communication (संवाद)

परिवर्तन को विनम्रता, स्पष्टता और ईमानदारी के साथ कर्मचारियों, ग्राहकों और साझेदारों तक पहुँचाएँ।

E — Ethics & Legacy (नैतिकता और विरासत)

संगठन के मूल्यों को मजबूत करें और सुनिश्चित करें कि नया नेतृत्व केवल पद नहीं, बल्कि उद्देश्य (purpose) भी संभाले।

परिवर्तन का वर्ष — सुचारु हस्तांतरण कैसे करें

- **12 महीने पहले:** उत्तराधिकारी की पहचान और प्रशिक्षण शुरू होता है; वह सीखता और निरीक्षण करता है।
- **9 महीने पहले:** प्रमुख हितधारकों और नियामकों को गोपनीय रूप से सूचित किया जाता है।
- **6 महीने पहले:** आंतरिक पुनर्गठन और कर्मचारियों को बनाए रखने की योजनाएँ लागू होती हैं।
- **3 महीने पहले:** उत्तराधिकारी धीरे-धीरे जिम्मेदारी संभालता है; निवर्तमान नेता मार्गदर्शक बन जाता है।
- **हस्तांतरण के बाद:** पूर्व सीईओ पूरी तरह पीछे हट जाता है और केवल आवश्यक होने पर ही सलाह देता है—छाया नहीं बनता।

केस स्टडी — महिंद्रा फाइनेंस मॉडल

महिंद्रा फाइनेंस में नेतृत्व परिवर्तन अत्यंत स्पष्टता और शांतिपूर्वक किया गया।

रमेश अय्यर ने लंबे समय तक संगठन का नेतृत्व किया और सुनिश्चित किया कि उत्तराधिकार कोई अचानक घटना नहीं, बल्कि एक रणनीति हो।

राऊल रेबेलो सितंबर 2021 में COO के रूप में जुड़े और लगभग 19 महीनों तक सीखते और निरीक्षण करते रहे। मई 2023 में उन्हें नामित प्रबंध निदेशक (MD-Designate) बनाया गया और अप्रैल 2024 तक नेतृत्व पूरी तरह सुचारु रूप से हस्तांतरित हो गया।

इस प्रक्रिया में न तो निवेशकों में घबराहट हुई, न ही संगठन में भ्रम। यह परिवर्तन श्रीराम द्वारा लव और कुश के राज्याभिषेक जैसा था—दूरदर्शिता से निर्मित निरंतरता।

मुख्य निष्कर्ष

1. नेतृत्व स्वामित्व नहीं है—यह संरक्षकत्व है

महानता की पहचान यह नहीं है कि कोई व्यक्ति कितने समय तक सत्ता में बना रहता है, बल्कि यह है कि वह उसे कितनी गरिमा के साथ छोड़ता है। श्री राम का अंतिम कार्य विदाई का नहीं, बल्कि पूर्णता का था। लव और कुश का राज्याभिषेक करके उन्होंने यह सुनिश्चित किया कि धर्म की धारा निरंतर और अविरल बनी रहे। उनकी विरासत उनके शासन के साथ समाप्त नहीं हुई—बल्कि उनके द्वारा छोड़ी गई स्थिरता के माध्यम से एक नए रूप में शुरू हुई।

2. नेतृत्व आदेश देने के बारे में नहीं, बल्कि निरंतरता के बारे में है

आज के नेता यह सीख सकते हैं कि नेतृत्व का अंतिम कर्तव्य आदेश देना नहीं, बल्कि निरंतरता सुनिश्चित करना है।

3. नेता सही समय पर जिम्मेदारी सौंपते हैं

सही समय पर, गरिमा और दूरदर्शिता के साथ पद छोड़ना त्याग नहीं है—यह एक गहरी समझ और आत्मबोध का संकेत है।

अध्याय 49

नेताओं की विरासत उनके कार्यकाल में नहीं, बल्कि उनके प्रभाव में निहित होती है

प्रहृष्टमुदितो लोकस्तुष्टः पुष्टः सुदार्मिकः।
निरामयो ह्यरोगश्च दुर्भिक्षभयवर्जितः॥ (1.1.90)

लोग प्रसन्न और आनंदित थे, संतुष्ट, सुदृढ़ और धर्मपरायण थे। वे रोग और बीमारियों से मुक्त थे, और उन्हें अकाल या किसी प्रकार के भय का सामना नहीं करना पड़ता था।

रामायण में रामराज्य को शांति और समृद्धि के आदर्श युग के रूप में वर्णित किया गया है। यह श्लोक बताता है कि श्री राम के सिंहासन छोड़ने के बाद भी उनका नाम शासन, न्याय और जनकल्याण का प्रतीक बना रहा। उनकी वास्तविक विरासत उनके शासन के वर्षों की संख्या में नहीं थी, बल्कि उन मूल्यों और संस्थाओं में थी जो उन्होंने पीछे छोड़ीं—जिन्होंने एक स्थायी प्रभाव पैदा किया।

श्री राम का नेतृत्व एक शाश्वत सत्य को दर्शाता है: महानता का माप शासन के वर्षों से नहीं, बल्कि नैतिक आधार और उस स्थायी विरासत से होता है जो कोई पीछे छोड़ जाता है। उन शासकों के विपरीत जो हर संभव तरीके से सत्ता से चिपके रहते हैं, श्री राम ने उत्तराधिकार की योजना और गरिमापूर्ण विदाई को इस तरह स्थापित किया कि उनका प्रभाव उनकी उपस्थिति से कहीं आगे तक समाज का मार्गदर्शन करता रहा। उनका शासनकाल अपने समय से परे सुशासन का एक मानक बन गया और आज भी सभी नेताओं को प्रेरित करता है।

समकालीन परिप्रेक्ष्य

1. **जॉन एफ. केनेडी** का राष्ट्रपति कार्यकाल तीन वर्षों से भी कम रहा, फिर भी इतिहास पर उनकी छाप अमिट है और उन्हें अमेरिका के श्रेष्ठ राष्ट्रपतियों में गिना जाता है। नागरिक अधिकार सुधार के लिए उनकी सशक्त अपील, मधुर और प्रेरक भाषण शैली, तथा चंद्रमा पर जाने की उनकी साहसिक चुनौती ने एक पूरी पीढ़ी को प्रेरित किया। १९६९ का अपोलो ११ चंद्रमा पर अवतरण, जो उनके निधन के वर्षों बाद संभव हुआ, उनकी दूरदर्शिता का परिणाम था। क्यूबा मिसाइल संकट के दौरान उनकी परिपक्वता ने संभवतः परमाणु युद्ध को टाल दिया और यह आज भी अंतरराष्ट्रीय कूटनीति का एक उत्कृष्ट उदाहरण माना जाता है। केनेडी ने सिद्ध किया कि अल्प कार्यकाल भी स्थायी परिवर्तन ला सकता है।

2. **लाल बहादुर शास्त्री** ने दो वर्षों से भी कम समय के कार्यकाल में भारत का नेतृत्व विनम्रता, नैतिक साहस और उच्चतम ईमानदारी के साथ किया। १९६५ के युद्ध के दौरान उनका नारा "जय जवान, जय किसान" सैनिकों और किसानों दोनों के लिए प्रेरणा बना। उन्होंने महाशक्ति अमेरिका के दबाव के आगे झुकने से इनकार किया और खाद्य संकट से निपटने के लिए अपने प्रसिद्ध "शास्त्री व्रत" के माध्यम से स्वयं उदाहरण प्रस्तुत किया। उन्होंने हरित क्रांति की नींव रखी, जिसने बाद में भारत की खाद्य सुरक्षा सुनिश्चित की। शास्त्रीजी ने दिखाया कि सच्चा नेतृत्व कार्यकाल से नहीं, बल्कि ईमानदारी, निर्णायकता और दूरदृष्टि से परिभाषित होता है।

3. **सरदार वल्लभभाई पटेल,** जिन्हें भारत का "लौह पुरुष" कहा जाता है, ने स्वतंत्रता के बाद केवल थोड़े समय के लिए पद संभाला। फिर भी, इस अवधि में उन्होंने ५०० से अधिक रियासतों को एक संघ में एकीकृत करने का ऐतिहासिक कार्य किया। इस निर्णायक कदम ने भारत की क्षेत्रीय एकता

और स्थिरता सुनिश्चित की। पटेल की विरासत यह दर्शाती है कि एक नेता के साहसिक निर्णय किसी राष्ट्र की दिशा बदल सकते हैं।

4. **जैसिंडा आर्डर्न** (न्यूज़ीलैंड की प्रधानमंत्री, २०१७–२०२३) ने लगभग पाँच वर्षों तक सेवा दी, लेकिन सहानुभूतिपूर्ण और संवेदनशील संकट नेतृत्व की वैश्विक प्रतीक बन गईं। क्राइस्टचर्च हमले और कोविड-१९ महामारी के दौरान उनके नेतृत्व की व्यापक सराहना हुई। उनका पदत्याग भी विश्वभर में सम्मान और प्रशंसा के साथ देखा गया।

मुख्य निष्कर्ष

1. स्थायी विरासत नैतिक मूल्यों पर आधारित होती है

किसी नेता का वास्तविक प्रभाव उसके कार्यकाल की अवधि से नहीं, बल्कि उन नैतिक आधारों और संस्थाओं से आंका जाता है जिन्हें वह स्थापित करता है। मूल्यों पर आधारित नेतृत्व औपचारिक सत्ता से कहीं अधिक समय तक टिकता है और संगठनात्मक संस्कृति में स्वर्ण मानक बन जाता है।

2. दृष्टि और सुधार भविष्य को आकार देते हैं

स्थायी प्रभाव स्पष्ट दृष्टि और साहसिक सुधारों से आता है, जैसे श्री राम द्वारा उत्तराधिकार योजना की स्थापना और स्टीव जॉब्स के उद्योग-परिभाषित नवाचार, जो नेता के पद छोड़ने के बाद भी संगठनों और समाज को दिशा देते हैं।

3. विनम्रता और गरिमापूर्ण विदाई निरंतरता को प्रेरित करती है

जो नेता गरिमा के साथ पद छोड़ते हैं, अपने उत्तराधिकारियों को सशक्त बनाते हैं और सुचारु संक्रमण सुनिश्चित करते हैं, वे निरंतरता और स्थिरता को बनाए रखते हैं। उनकी विनम्रता और उत्तराधिकार योजना पर ध्यान संगठन को मजबूत और सम्मानित बनाता है।

4. मापनीय प्रभाव, न कि अवधि, सफलता को परिभाषित करता है

सामाजिक समरसता, जनकल्याण और संतोष जैसे मानदंड—जैसे रामराज्य में देखे गए—महानता के सच्चे संकेतक हैं, न कि सेवा के वर्षों की संख्या। जब कार्य उद्देश्य और व्यापक हित के अनुरूप होते हैं, तब अल्प कार्यकाल भी महान विरासत बना सकता है।

अध्याय 50

एक नेता को कॉर्पोरेट जीवन के हर चरण को स्वीकार करना चाहिए

ब्रह्मचर्ये स्थितो रामो गृहस्थो गार्हमेधिनः।
वानप्रस्थं च काकुत्स्थः चकार नियमं हतः॥

श्री राम ने ब्रह्मचर्य अवस्था में अनुशासित जीवन जिया, गृहस्थ के रूप में जिम्मेदारीपूर्ण जीवन का पालन किया, और बाद में वानप्रस्थ आश्रम के नियमों का पालन करते हुए वनवास एवं वैराग्यपूर्ण जीवन को अपनाया।

रामायण केवल श्री राम की कथा का वर्णन नहीं करता; यह उन्हें सनातन धर्म में वर्णित चार आश्रमों—जीवन के चार चरणों—का आदर्श स्वरूप भी प्रस्तुत करता है।

1. **ब्रह्मचर्य (विद्यार्थी जीवन):**
   श्री राम ने अपने युवावस्था में गुरुओं वसिष्ठ और विश्वामित्र के सान्निध्य में अनुशासित होकर अध्ययन किया। उन्होंने ज्ञान, आत्मसंयम और विनम्रता को आत्मसात किया।

2. **गृहस्थ (गृहस्थ जीवन):**
   एक पति, पिता और राजा के रूप में श्री राम ने न्याय और समर्पण के साथ अपने कर्तव्यों का पालन किया तथा परिवार और शासन के बीच संतुलन बनाए रखा।

3. **वानप्रस्थ (वैराग्य/निवृत्ति):**
   बाद के जीवन में उन्होंने वैराग्य का मार्ग अपनाया, व्यक्तिगत सत्ता का त्याग किया और उत्तराधिकार की स्थिरता सुनिश्चित की। यह चरण आसक्ति से विरक्ति और भौतिक कर्तव्यों से आगे की तैयारी का प्रतीक है।

4. **मोक्ष (मुक्ति):**
   उनका अंतिम प्रस्थान इस सांसारिक जीवन के चक्र की पूर्णता को दर्शाता है, यह दिखाते हुए कि धर्म और विरासत भौतिक उपस्थिति से परे भी जीवित रहते हैं।

श्री राम का जीवन यह दर्शाता है कि महानता किसी एक चरण से चिपके रहने में नहीं, बल्कि प्रत्येक चरण को गरिमा और अनुशासन के साथ अपनाने में निहित है।

समकालीन परिप्रेक्ष्य

1. **कुमार मंगलम बिड़ला (आदित्य बिड़ला समूह):** उन्होंने कम उम्र में ही उत्तरदायित्व संभाला। उन्होंने गृहस्थ (गृहस्थाश्रम) की भूमिका को अनुशासन के साथ निभाया, समूह का वैश्विक विस्तार किया, और अब धीरे-धीरे मार्गदर्शक की भूमिका निभाते हुए पेशेवर नेतृत्व को आगे बढ़ने दे रहे हैं।

2. **डॉ. वर्गीज कुरियन (अमूल):** उन्होंने डेयरी विज्ञान और सहकारी अर्थशास्त्र का अध्ययन ब्रह्मचर्य अवस्था की तरह किया। ऑपरेशन फ्लड के माध्यम से उन्होंने जिम्मेदारी संभाली (गृहस्थ), और बाद में सहकारी आंदोलन का मार्गदर्शन किया (वानप्रस्थ)। उनकी विरासत एक दुग्ध क्रांति के रूप में आज भी जीवित है (मोक्ष)।

3. **बिल गेट्स (माइक्रोसॉफ्ट):** प्रारंभिक वर्षों में उन्होंने गहन कोडिंग और उत्पाद विकास पर ध्यान दिया (ब्रह्मचर्य)। इसके बाद उन्होंने माइक्रोसॉफ्ट के विस्तार का नेतृत्व किया (गृहस्थ)। बाद में वे दैनिक संचालन से हटकर नेतृत्वकर्ताओं को मार्गदर्शन देने लगे (वानप्रस्थ), और आज बिल एंड मेलिंडा गेट्स फाउंडेशन के माध्यम से परोपकार में सक्रिय हैं (मोक्ष)। जो नेता हर चरण को बिना आसक्ति के अपनाते हैं, उनकी यात्रा पूर्ण और सम्मानित बनती है।

4. **बराक ओबामा:** उन्होंने प्रारंभिक जीवन में जमीनी स्तर पर सामुदायिक कार्य और राजनीतिक प्रशिक्षण लिया। बाद में अमेरिका के राष्ट्रपति के रूप में आर्थिक पुनर्निर्माण की जिम्मेदारी संभाली। आज वे अपनी संस्था और वैश्विक पहलों के माध्यम से मार्गदर्शन करते हैं और सक्रिय राजनीति से सम्मानपूर्वक दूर हैं।

5. **अनिल कुंबले:** उन्होंने प्रारंभ में घरेलू क्रिकेट में धैर्य और दृढ़ता सीखी। वर्षों तक भारत की गेंदबाजी का भार संभाला (गृहस्थ)। बाद में कोच और मेंटर के रूप में युवा खिलाड़ियों का मार्गदर्शन किया (वानप्रस्थ), और आज प्रशासन व कमेंट्री के माध्यम से योगदान देते हैं।

6. **अभिनव बिंद्रा:** शूटिंग में उन्होंने वर्षों का अनुशासित प्रशिक्षण लिया (ब्रह्मचर्य)। ओलंपिक में भारत का प्रतिनिधित्व कर स्वर्ण पदक प्राप्त किया (गृहस्थ)। बाद में अकादमी स्थापित कर युवा खिलाड़ियों को प्रशिक्षित किया (वानप्रस्थ), और आज खेल प्रशासन तथा वैश्विक मार्गदर्शन में योगदान दे रहे हैं (मोक्ष)।

7. **ब्रह्मानंद हेगड़े (विस्तार फाइनेंस):** ब्रह्मानंद हेगड़े ने अपने करियर की शुरुआत सार्वजनिक क्षेत्र के बैंक में बैंकिंग के मूलभूत सिद्धांतों को सीखकर की। इसके बाद उन्होंने आईसीआईसीआई बैंक में मध्य प्रबंधन में कार्य करते हुए ग्रामीण और माइक्रोफाइनेंस विस्तार में महत्वपूर्ण भूमिका निभाई।

उद्यमशीलता का मार्ग अपनाते हुए उन्होंने विस्तार फाइनेंस की सह-स्थापना की और स्पष्ट दृष्टि व उत्तरदायित्व के साथ उसका नेतृत्व किया। सफलतापूर्वक संस्था का निर्माण करने के बाद उन्होंने उत्तराधिकारियों को सशक्त बनाया और गरिमापूर्ण रूप से पद छोड़ दिया, जिससे वित्तीय समावेशन की एक मजबूत विरासत बनी।

मुख्य निष्कर्ष

1. विकास चरणों में होता है, शॉर्टकट में नहीं

जिस प्रकार श्री राम ने ब्रह्मचर्य, गृहस्थ, वानप्रस्थ और मोक्ष—इन चारों चरणों को अनुशासन के साथ जिया, उसी प्रकार एक सच्चा नेता अपने पेशेवर जीवन के हर चरण को पूरी तरह अपनाकर विकसित होता है—सीखना, नेतृत्व करना, मार्गदर्शन देना और एक स्थायी विरासत छोड़ना।

2. ब्रह्मचर्य – विनम्रता से सीखना

नेतृत्व की नींव अनुशासित सीखने में है। जिज्ञासा, मेंटरशिप के प्रति खुलापन और मूलभूत सिद्धांतों में दक्षता भविष्य के नेताओं को जिम्मेदारी के लिए तैयार करती है।

3. गृहस्थ – उत्तरदायित्व के साथ नेतृत्व

मध्य चरण में संतुलन आवश्यक है—महत्वाकांक्षा और नैतिकता के बीच, परिणाम और संबंधों के बीच। नेताओं को निष्पक्षता के साथ कार्य करना चाहिए, संरक्षकत्व (स्टुअर्डशिप) अपनाना चाहिए और अपनी टीमों की जिम्मेदारी संभालनी चाहिए।

4. वानप्रस्थ – मार्गदर्शन और सशक्तिकरण

परिपक्व नेता पीछे हटकर मार्गदर्शन करते हैं, जिम्मेदारियाँ सौंपते हैं और नए प्रतिभाशाली लोगों के लिए स्थान बनाते हैं। वास्तविक विरासत तब शुरू होती है जब नेतृत्व का प्रभाव व्यक्तिगत नियंत्रण से स्वतंत्र हो जाता है।

5. मोक्ष – स्थायी उद्देश्य का निर्माण

पद से विरक्ति, लेकिन योगदान की निरंतरता—यह सर्वोच्च अवस्था है। जब उद्देश्य कार्यकाल से आगे जीवित रहता है, तब नेतृत्व पदों से परे हो जाता है।

www.ingramcontent.com/pod-product-compliance
Lightning Source LLC
Chambersburg PA
CBHW061344230926
51848CB00004B/528